Auf einen Blick ●

ab 2023

Deutsch

Sachsen

STARK

Inhalt

Inhalt

Was erwartet mich?

Das **Lektüreprogramm des Deutschabiturs in Sachsen** ist breit gestreut und enthält z. B. Texte von Christoph Hein, Juli Zeh und Euripides. Bei diesen ganz unterschiedlichen Lektüren ist es nicht immer leicht, den Überblick zu behalten. Ihnen dabei zu helfen, ist das Hauptanliegen des vorliegenden Büchleins.

- Für den **LK** sind folgende Texte vorgegeben: *Landnahme* von Christoph Hein, *Maria Stuart* von Friedrich Schiller, *Woyzeck* von Georg Büchner, *Corpus Delicti* von Juli Zeh, *In der Strafkolonie* von Franz Kafka, *Medea* von Euripides und *Medea. Stimmen* von Christa Wolf.
- Für den **GK** sind diese Lektüren vorgesehen: *In seiner frühen Kindheit ein Garten* von Christoph Hein, *Der Sandmann* von E. T. A. Hoffmann, *Corpus Delicti* von Juli Zeh, *Medea* von Euripides und *Der Besuch der alten Dame* von Friedrich Dürrenmatt.
- Da es möglich ist, dass Sie im Abitur verschiedene dieser literarischen Werke miteinander vergleichen müssen, finden Sie auf der Innenseite des Buchumschlags eine nützliche **Übersicht zu den thematischen Überschneidungen zwischen den Texten.**
- Jedem Text sind jeweils **drei Doppelseiten** gewidmet: Die erste Doppelseite fasst den **Inhalt** des Werkes prägnant zusammen, die zweite Doppelseite enthält eine strukturierte Übersicht zu **Aufbau und Form**, und die dritte Doppelseite stellt einzelne **Deutungsansätze** vor.
- Jede dieser Doppelseiten beginnt mit einem **Schaubild**, das ein schnelles Erfassen des Themas ermöglicht und seine zentralen Merkmale veranschaulicht. Durch die grafische Gestaltung werden Zusammenhänge auf einen Blick deutlich und sind leichter zu behalten.
- Das **Kästchen** neben den Grafiken vermittelt wissenswerte, interessante oder kuriose Zusatzinformationen zum Thema. Diese gehören sicher nicht zum Standardwissen, können aber dabei helfen, sich die abiturrelevanten Inhalte besser einzuprägen.
- Im Kapitel **Allgemeines** fasst eine **Mini-Literaturgeschichte** die zentralen Epochen vom Barock bis zur Gegenwart knapp zusammen. Außerdem stellt eine Doppelseite die wichtigsten Merkmale der für das Abitur relevanten **Textsorten** dar. Eine **Stilmittel-Übersicht** mit gut zu merkenden Beispielen rundet das Grundwissenskapitel ab.

Der STARK Verlag wünscht Ihnen mit dem Buch viel Freude und für das Abitur viel Erfolg!

Das vorliegende Buch bezieht sich auf die folgenden Textausgaben:
Büchner, G.: Woyzeck. Leonce und Lena. Herausgegeben von Burghard Dedner. Stuttgart: Reclam 2007.
Dürrenmatt, F.: Der Besuch der alten Dame. Zürich: Diogenes 2001.
Euripides: Medea. Übersetzt und herausgegeben von P. Dräger. Stuttgart: Reclam 2016.
Hein, Ch.: In seiner frühen Kindheit ein Garten. Frankfurt a. M.: Suhrkamp 2005.
Hein, Ch.: Landnahme. Frankfurt a. M.: Suhrkamp 2015.
Hoffmann, E. T. A.: Der Sandmann. Stuttgart: Reclam 2005.
Kafka, F.: Die Erzählungen und andere ausgewählte Prosa. Frankfurt: Fischer 1996.
Schiller, F.: Maria Stuart. Stuttgart: Reclam 2001.
Wolf, Ch.: Medea. Stimmen. Frankfurt a. M.: Suhrkamp 2015.
Zeh, J.: Corpus Delicti, Ein Prozess. München: btb Verlag 2010.

Auf einen Blick

> Die Hollywood-Verfilmung „Der Besuch" von 1964 ließ die berühmte Ingrid Bergman als jugendliche und attraktive Protagonistin auftreten und endete mit einer Begnadigung, was Dürrenmatt sehr verärgerte.

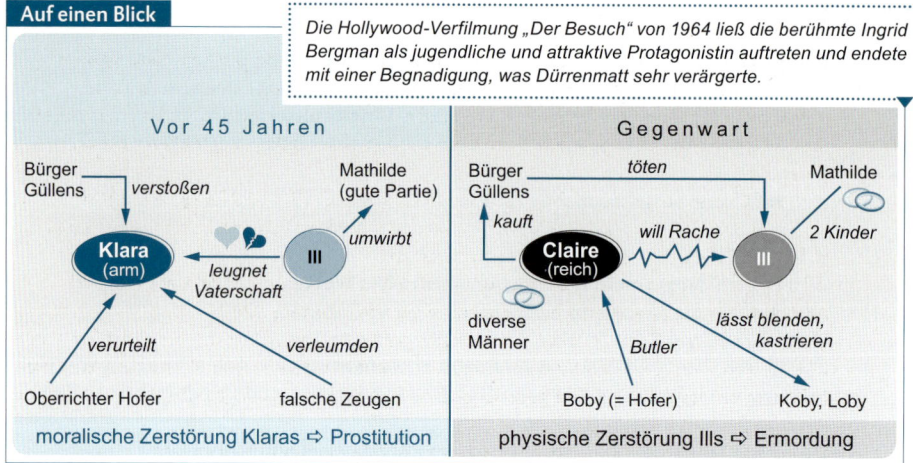

Vor 45 Jahren

Bürger Güllens — verstoßen — Klara (arm) — Mathilde (gute Partie)

Ill umwirbt · leugnet Vaterschaft

Oberrichter Hofer verurteilt · verleumden · falsche Zeugen

moralische Zerstörung Klaras ⇨ Prostitution

Gegenwart

Bürger Güllens — töten — Mathilde · 2 Kinder

Claire (reich) · kauft · will Rache · Ill · lässt blenden, kastrieren

diverse Männer · Butler · Boby (= Hofer) · Koby, Loby

physische Zerstörung Ills ⇨ Ermordung

1. Akt

- **Klagen der Bürger Güllens** über unerklärlichen **Niedergang ihrer Kleinstadt**, in der nicht einmal mehr ein Schnellzug hält
- **Hoffnung** auf finanzielle Zuwendung durch **Claire Zachanassian** (geborene Klara Wäscher), die aus Güllen stammt und durch die Heirat mit einem Milliardär zu Reichtum gekommen ist
- Vorbereitungen für Claires Besuch durch Güllener Würdenträger und ihre Jugendliebe Alfred Ill
- **überraschend frühe Ankunft Claires**, die Schnellzug mit Notbremse anhält; verunglückter Empfang für sie und ihr Gefolge
- **Ills sentimentale Erinnerungen** an ihre Liebe ↔ Claires realistische Richtigstellung
- Claire nimmt mit Gefolge (darunter 7. Ehemann, zwei Kastraten und ein Panther) im Gasthof „Zum Goldenen Apostel" Quartier; Verwunderung der Bürger über mitgeführten Sarg
- optimistische Erwartung der Güllener, von Claire finanziell unterstützt zu werden
- auf Claires Wunsch besuchen sie und Ill **Schauplätze ihrer früheren Liebe:** Wald
- Ills beschönigende Darstellung der damaligen Ereignisse, die aber seine wahren Motive enthüllt: Versuch, Claire im Interesse der Stadt in Geberlaune zu versetzen
- **Aufrollen der Vorgeschichte:** Ills Trennung von Claire, um reiche Frau heiraten zu können; Claires sozialer Abstieg, dann Heirat mit Milliardär
- **feierlicher Empfang** in der Stadt zu Ehren Claires: Rede des Bürgermeisters idealisiert Claires Vorleben, was von dieser ironisch korrigiert wird
- ihr **Versprechen, Güllen eine Milliarde zu stiften**; ihre Gegenforderung: Gerechtigkeit
- Güllener sollen Unrecht sühnen, das sie ihr vor 45 Jahren angetan haben: Ill hat mit bestochenen Zeugen Vaterschaft für ihr Kind geleugnet, woraufhin sie Güllen verlassen musste und zur Prostituierten wurde
- Rache: damalige Zeugen von ihr geblendet und kastriert; nun **Forderung nach Tod Ills**
- entsetzte **Ablehnung der Bürger** unter Berufung auf humanistische Werte
- Claires Erklärung, sie werde warten

Inhalt

2. Akt

- **Claire** während des ganzen Aktes im Hintergrund auf **Hotelbalkon** präsent: Planungen für weitere Hochzeit, Gespräche über Geschäfte, aber Beobachtung der Ereignisse in Güllen
- immer mehr **Güllener kaufen in Ills Laden teure Lebensmittel auf Kredit**; Ills Erkenntnis, dass sie Claires Milliardengeschenk benötigen werden, um Schulden begleichen zu können → Verzweiflung
- **Jagd auf Claires ausgebrochenen Panther:** in Ills Augen ein Sinnbild für seine Situation
- Ills Forderung, Polizei solle Claire wegen Anstiftung zum Mord verhaften, aber Polizist weigert sich einzugreifen, da er selbst schon korrumpiert ist
- Betonung des **Bürgermeisters**, nach **humanistischen Werten** zu handeln, aber zugleich Abrücken von Ill, dessen Verrat an Claire nun allgemein verurteilt wird
- Ill sucht bei **Pfarrer** Hilfe, der (wie Polizist und Bürgermeister) bewaffnet ist; aber auch Pfarrer anfällig für Verlockung des Geldes; **Appell an Ill, zu fliehen** und sie nicht in Versuchung zu führen
- Beileidsbekundung der Güllener gegenüber Claire angesichts des erlegten Panthers; werden von Ill mit Gewehr vertrieben
- **Ills Besuch bei Claire**, die sich trotz Drohung mit Waffe nicht umstimmen lässt
- **Scheitern von Ills Fluchtversuch:** bedrohliche Menschenmenge begleitet ihn zum Bahnhof, drängt ihn, Zug zu besteigen → Ills Befürchtung, sie würden ihn dann ermorden → Verzicht auf Flucht („Ich bin verloren!")

3. Akt

- Claire in **Peterscher Scheune**, wo sie sich in der Jugend mit Ill getroffen hat
- Vorschlag des Lehrers und des Arztes, sie möge sie aus moralischem Dilemma befreien, auf Tötung Ills verzichten und marode Firmen der Stadt sanieren → **Claires Enthüllung, dass ihr alles bereits gehört** und sie es bewusst ruiniert hat, um Güllen erpressbar zu machen
- vergeblicher Appell von Lehrer und Arzt an Claires Menschlichkeit: sie beharrt auf **Vergeltung**
- Einkäufe der **Güllener** in Ills Laden: immer stärkere **Distanzierung von Ill**; Entschluss, Ill von internationaler Presse fernzuhalten, die über Claires Hochzeit berichten will
- Versuch des betrunkenen Lehrers, in einer Rede der Weltöffentlichkeit die Wahrheit mitzuteilen → Empörung der Bürger; Ills Forderung, Lehrer solle schweigen
- **Ills Schuldbekenntnis** gegenüber Lehrer: akzeptiert Urteil
- Aufforderung des Bürgermeisters, Ill solle sich selbst töten ↔ Weigerung Ills: er wolle Stadt Verantwortung nicht abnehmen
- zum Abschied **Ausfahrt Ills mit seiner Familie** im neuen Auto des Sohns: sanierte Stadt zeigt ihm, dass alle mit seinem Ableben rechnen
- **Abschied von Claire im Konradsweilerwald** → Gespräch über Vergangenheit: Ills Verrat; Nachricht, dass gemeinsames Kind nach einem Jahr gestorben ist; Claires Ankündigung, Ills Leichnam in Mausoleum in Capri beizusetzen
- **Gemeindeversammlung als Schauprozess** für Presse: Abstimmung, ob man Claires Schenkung annehmen und Gerechtigkeit wiederherstellen solle → Einwilligung der Bürger und Ills
- **nicht öffentliche Sitzung: Ill** von männlichen Güllener umringt und **ermordet**
- gegenüber Presse Mitteilung, dass Ill aus Freude an Herzschlag verstorben sei
- Übergabe der Leiche an Claire und **Abreise der alten Dame mit Sarg**
- abschließender **Chorgesang** der Bürger: Preis des Reichtums und Claires

Auf einen Blick

Dürrenmatt wurde auch durch die Streckenführung der Schweizerischen Bundesbahnen zu dem Stück inspiriert: Sein Schnellzug hielt in einem trostlosen Bergdorf, das die Vorlage für Güllen wurde.

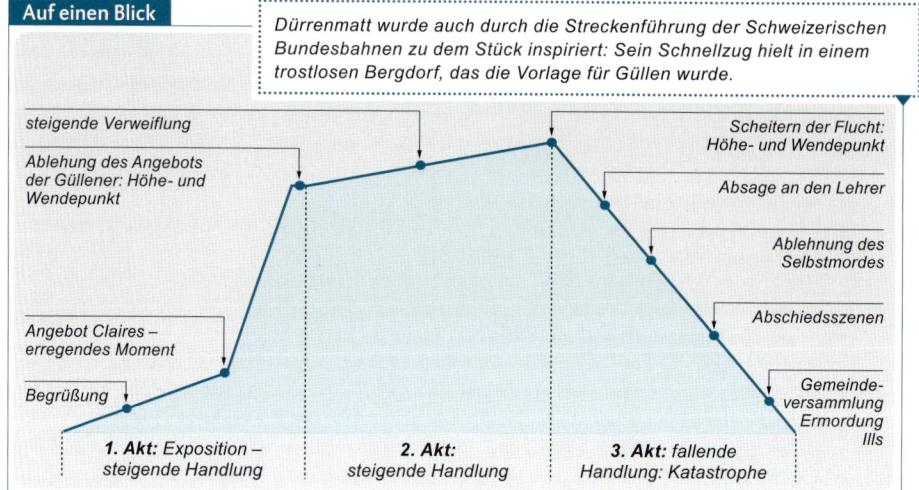

steigende Verweiflung

Ablehnung des Angebots der Güllener: Höhe- und Wendepunkt

Angebot Claires – erregendes Moment

Begrüßung

Scheitern der Flucht: Höhe- und Wendepunkt

Absage an den Lehrer

Ablehnung des Selbstmordes

Abschiedsszenen

Gemeinde-versammlung Ermordung Ills

1. Akt: *Exposition – steigende Handlung*

2. Akt: *steigende Handlung*

3. Akt: *fallende Handlung: Katastrophe*

Aufbau

- **Anlehnung** des 1956 uraufgeführten Dramas **an antike Tragödie:** Einheit von Ort (Güllen), Zeit (zusammenhängende Spanne), Handlung (Claires Rachefeldzug)
- Elemente des **analytischen Dramas:** entscheidendes, vor der Bühnenhandlung liegendes Geschehen wird nach und nach aufgedeckt (Liebesverrat Ills, Lebenslauf Claires, Grund für Güllens wirtschaftlichen Niedergang)
- **1. Akt: Exposition**, Aufrollen der Vorgeschichte; **erregendes Moment:** Claires Angebot
- **2. Akt:** Zweiteilung Claire-Ebene (Hintergrund, statisch, Geschäfte mit großer Welt) – Güllen-Ebene (Vordergrund, dramatisch, kleine Welt); **steigende Handlung:** Ills Erkenntnis und Vereinsamung – parallel: Korrumpierung der Güllener; Parallelhandlung: Erlegen des Panthers; Höhe- und Wendepunkt: Ills gescheiterte Flucht
- **3. Akt:** zunehmende moralische Verwahrlosung der Güllener und Schuldeingeständnis Ills; Abschiede von Familie und Claire als retardierende Momente; Verschuldung der Stadt und Unnachgiebigkeit Claires führen in ausweglose **Katastrophe:** Tötung Ills

Formale Elemente

Wiederholungen

- **Massenszenen** jeweils zum Ende der Akte (I: Festbankett; II: Güllener umringen Ill am Bahnhof; III: Gemeindeversammlung) → Schuldigwerden der Bürger
- **Einkaufsszenen** in Ills Laden (Beginn 2./3. Akt) → Distanzierung von Ill
- vier **Begegnungen von Ill und Claire:** erst zuletzt persönliches, aufrichtiges Gespräch
- zwei **Waldszenen:** Güllener fungieren als Bäume → verfremdender Kontrast zur Liebesgeschichte

Gegensätze

- Anfang: **heruntergekommene Stadt**, verwahrloste Bürger, durchfahrende Schnellzüge ↔ Ende: **saniertes Güllen**, elegante Bürger, Verkehrsknotenpunkt
- Anfang: **Berufung auf humanistische Werte** ↔ Ende: Werte nur noch **Behauptung**

Vorausdeutungen

- Claires **Anspielungen auf Tod** → erst allmähliche Enthüllung ihres Ziels
- **Jagd auf Panther** als Vorwegnahme von Ills Schicksal
- **sprechende Namen:** Claire, geb. Wäscher, wäscht Ill (vgl. engl. krank) von Schuld rein

Ort und Zeit

- sprechender Name: „**Güllen**" = „Jauche", „Scheiße" → Anspielung auf **moralische Verkommenheit** → Güllen als exemplarischer Modellfall
- **zeitliche Verkettung:** Claires Rache und Ills Ermordung als Folge des vergangenen Verbrechens, zugleich Voraussetzung für künftigen Wiederaufstieg Güllens

Figurengestaltung

- nur **zwei individuell gezeichnete Figuren:** Claire und Ill
- **unpersönliches Kollektiv:** Güllener (Amtspersonen ohne Eigennamen); Pressevertreter
- Durchnummerierung der Ehemänner; ähnlich klingende Namen von Claires Gefolgsleuten; zu zweit auftretende Eunuchen (Koby, Loby) → **Austauschbarkeit**; Entindividualisierung

Sprache und Stil

- Sprachgebrauch der Bürger zur Verfälschung/**Verschleierung der Wirklichkeit:** Ill beschönigt Liebesverrat; Gemeindeversammlung; Rede des Lehrers zur Rechtfertigung des Mords
- Sprache aber auch **demaskierend**, verrät wahre Beweggründe und Absichten
- **Parataxe**, viele **Ellipsen**, abgehackte Redeweise → soziale Kälte
- brutal direkte Redeweise, viele Imperative (Befehlston) und Sarkasmus Claires: Verbitterung, aber auch Macht des Geldes
- **Nebeneinandersprechen der Figuren** und einander ergänzende Aussagen: gemeinsame Meinung (v. a. bei Schlusschor)
- **Farbe Gelb/Gold:** Verweis auf Dominanz des Geldes und des Konsums (gelbe Schuhe der Güllener als Anspielung auf Verschuldung)
- **religiöse Anspielungen:** „Hotel zum Goldenen Apostel" → Claire als Missionarin für Geld; Anspielungen auf Passion Christi → Ill nimmt wie Jesus Schuld auf sich
- **literarische Anspielungen:** Ill und Claire als trivialisierte Version von Romeo und Julia

Gattungszuordnung

- **„tragische Komödie":** Mischung von tragischen (Ills Ermordung; moralisches Versagen der Güllener) und komischen (Heuchelei der Bürger gegenüber Claire; missglückter Empfang) Elementen
- **tragikomische Szenen:** Abschied Ills von seiner Familie in neuem Auto, das durch seinen Tod abbezahlt werden wird; Gemeindeversammlung mit doppelbödigem Ablauf (Schein für Presse – grausame Wirklichkeit)
- **Groteskes**, um Paradoxien der Welt darstellen zu können: zugleich Lachen und Entsetzen → Zuschauer in kritischer Distanz zu Geschehen
- **Claire als groteske Figur:** körperliches, von Prothesen zusammengehaltenes Wrack; amoralisches Vorgehen; kurioses Gefolge (Kastraten, Panther, Noch-Ehemann)
- **Parodie auf antike Tragödie:** Schlussgesang parodiert Chor aus *Antigone* von Sophokles
- Einfluss von **Brechts epischem Theater:** parabelartig, Verfremdungen → Appell an Verantwortung des Menschen

Auf einen Blick

Alte Dame mal fünf: In einer Inszenierung am Deutschen Theater Berlin wird Claire von vier Schauspielerinnen und einem Schauspieler verkörpert, die nicht nur wie Lady Gaga kostümiert sind, sondern auch Songs von dieser singen.

Soziologisch
- Gesellschaftskritik: Korrumpierbarkeit des Menschen
- Politikkritik: Skrupellosigkeit, Missbrauch der Sprache
- Medienkritik: Skandallust

Christlich-mythologisch
- Claire als Rachegöttin
- Anspielungen auf antike Tragödien
- Ills Schicksal als Passionsgeschichte

Rechtsphilosophisch
- Käuflichkeit der Justiz
- Wiederaufnahme des alten Vaterschaftsprozesses

Psychologisch
- Persönliche Entwicklung Ills: Übernahme von Verantwortung
- Güllener: Versagen des Gewissens, Verdrängen der eigenen Schuld

Philosophisch
- Mensch ist undurchschaubaren Mächten ausgeliefert (Geld)
- Dürrenmatt: „uns kommt nur noch die Komödie bei"

keine Allgemeingültigkeit nur eines Deutungsansatzes, sondern immer Zusammenspiel mehrerer Lesarten

Soziologische Lesart

Gesellschaftskritik

- **Bestechlichkeit**/Manipulierbarkeit durch Geld und Konsum (realhistorischer Hintergrund: Wirtschaftswunder, Materialismus der 1950er-Jahre) → **Deformation der Moral durch Geld**
- Ermordung Ills trotz Berufung auf Humanismus; leere Phrasen des Schlusschors → Lehre: **ethisches Handeln wichtiger als abstrakte Werte**
- **Modellcharakter des Stücks:** zeitlose Parabel auf Verführbarkeit des Menschen, moralisches Versagen → Appell an Verantwortung

Politikkritik

- Kritik an **Missbrauch der Sprache:** Bürgermeister deutet bei Empfang Claires Vergangenheit um; Beschönigung von Ills Ermordung als Herztod
- Demaskierung der **Politik als gewissenlos:** Berufung auf rechtsstaatliche Werte nur Lippenbekenntnis
- **Käuflichkeit der Volksvertreter:** Opportunismus und Heuchelei des Bürgermeisters
- **Medien** keine vierte Gewalt: Pressevertreter als „die Lästigen" → kein Interesse an Aufdeckung der Wahrheit, sondern nur an guter Geschichte

Philosophische Lesart

Dürrenmatts Weltbild

- **Mensch orientierungslos in labyrinthischer Welt,** undurchschaubaren Machtstrukturen ausgeliefert, eher Objekt als Subjekt → Güllener wehr- und willenlos gegenüber der Macht des Geldes (in Claire personifiziert)
- keine Verantwortung des Einzelnen → **Kollektivschuld** der Güllener
- **Komödie als zeitgemäße Dramenform** (Gegenwart nicht mehr tragikfähig) → Komik, um Diskrepanz zwischen Schein und Sein zu entlarven; keine Identifikation mit Protagonisten
- Bedeutung des **„Einfalls":** Einbruch des Unvorhergesehenen in gewohnte Welt → Ankunft Claires
- **„schlimmstmögliche Wendung":** Verrat Güllens an Moral = Preis für Wohlstand

Psychologische Lesart

- **Entwicklung Ills** vom verantwortungslosen Kleinbürger zum Menschen, der seine Schuld einsieht, ABER: moralisches Handeln hat keine positive Auswirkung auf Gesellschaft
- **Versagen des Gewissens** angesichts der materiellen Verlockung
- **Verdrängung der Güllener:** trotz entrüsteter Ablehnung von Claires Angebot intensiver Konsum → Diskrepanz von Reden und Handeln
- allmähliche Verurteilung von Ills Liebesverrat durch die Güllener → Selbstentlastung; **Selbstrechtfertigung** der Bürger: Opfer werden zu Tätern

Christlich-mythologische Lesart

mythologische Bezüge

- **Claire als monströse Rachegöttin**, die Menschenopfer fordert: weltumspannende Strategie
  - Vergleich mit **Medea** (griechische Mythologie; personifizierte Rache, die zur Vergeltung eines Liebesverrats das Liebste tötet, was sie hat)
  - Vergleich mit Parze (römische Mythologie: Schicksalsgöttin, die Lebensfäden spinnt) → Claire bestimmt über Leben Ills und der Güllener
  - Claires Prothesen: unmenschliches Äußeres korrespondiert mit unmenschlichem Handeln
- Anspielung auf **Ödipus-Tragödie:** Ödipus blendet sich selbst, um sein Vergehen zu büßen → Ill ist im Hinblick auf seine Fehler lange verblendet; Claire lässt meineidige Zeugen zur Strafe blenden
- Parodie auf **Schlusschor** aus *Antigone*-Tragödie des Sophokles → Kontrast von klassischen Idealen (Tatkraft/Größe des Menschen) und heutigem Niedergang (Abhängigkeit von materiellem Besitz) → Entlarvung der verblendeten Güllener

religiöse Bezüge

- **Ills Verrat** an Klara als **Sündenfall**, der Unglück und Verfall über Menschen (Güllen) bringt
- aber Ills Entwicklung auch als **Passionsgeschichte** deutbar: nimmt wie Jesus Schuld auf sich und stirbt für Kollektiv
- Claires Rache im Widerspruch zu christlicher Barmherzigkeit → erinnert eher an **strafenden Gott des Alten Testaments**

Rechtsphilosophische Lesart

- **Ausschaltung einer unabhängigen Rechtsprechung:**
  - Claire kauft früheren Oberrichter Hofer, der zu ihrem Butler wird
  - Verurteilung Ills in Schauprozess (Urteil ist gekauft)
  - Güllener zu Richtern und Henkern gemacht
- Prozess gegen Ill als **Wiederaufnahme von Claires Vaterschaftsklage von 1910**, aber auch Spiegelung: damals hat Ill Zeugen bestochen, nun besticht Claire ganze Stadt
- **unterschiedliche Auffassungen von Gerechtigkeit:**
  - **Claires Rachewunsch:** will als „Schicksalsgöttin" die durch Ills Verrat gestörte Ordnung wiederherstellen (moralische Vernichtung der schwangeren Klara – physische Vernichtung Ills) → wird selbst schuldig
  - **Selbstgerechtigkeit der Bürger:** eigenes Verbrechen als Umsetzung von Gerechtigkeit gedeutet
  - **Ills allmähliche Einsicht** und Bekenntnis zu dem von ihm begangenen Unrecht

Auf einen Blick

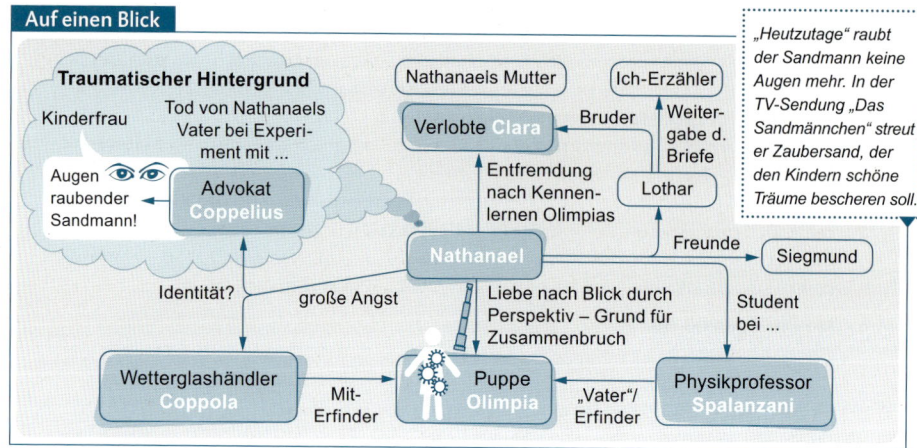

Im Kasten rechts oben:

> „Heutzutage" raubt der Sandmann keine Augen mehr. In der TV-Sendung „Das Sandmännchen" streut er Zaubersand, der den Kindern schöne Träume bescheren soll.

Drei Briefe

Erster Brief – Nathanael an Lothar

- **beängstigender Besuch des Wetterglashändlers Coppola** bei dem Studenten Nathanael
- Ahnung Nathanaels: Coppola sei der Advokat Coppelius aus seiner Kindheit
- Kindheitserinnerung an Coppelius:
  - Coppelius: bedrohliche Figur, die zu Nathanaels Vater kommt und mit ihm geheime Dinge treibt
  - Nathanaels Verknüpfung des Coppelius mit der **Kinderschreckfigur des Sandmannes**, der nach der Erzählung der Kinderfrau schlafunwilligen Kindern die **Augen raubt → große Angst**
  - Verstecken Nathanaels im väterlichen Arbeitszimmer, als Coppelius mit dem Vater alchemistisch experimentiert → Entdecken des Jungen → Coppelius' Drohung, ihm die **Augen zu nehmen** → Bewusstlosigkeit Nathanaels und langer, fieberhafter Schlaf
  - ein Jahr später: erneuter Besuch Coppelius' → **Tod des Vaters** bei einem der Experimente
- Nathanaels Überzeugung, dass **Coppola mit Coppelius identisch** ist

Zweiter Brief – Clara an Nathanael

- Clara als Empfängerin des „Briefes an Lothar" wegen falscher Adressierung
- Claras Erschütterung angesichts der Erzählungen Nathanaels
- nach Gespräch mit dem Bruder Lothar aber **rationalisierende Reaktion:**
  - rationale Entzauberung: Verknüpfung Coppelius' mit dem **Sandmann als Einbildung**
  - Erklärung, dass dunkle Mächte nur wirken können, wenn der Mensch sie im Innern wirken lässt → **dunkle Macht** nur **als innere, psychische** und nicht als äußere, wirkliche Macht
  - Rat, den Gedanken an Coppelius/Coppola zu verdrängen

Dritter Brief – Nathanael an Lothar

- Nathanaels **Enttäuschung** angesichts der als kühl empfundenen Reaktion Claras und angesichts der Gespräche zwischen Lothar und ihr über ihn
- Auffassung, Coppola sei doch nicht mit Coppelius identisch – aber dennoch **keine Beruhigung**
- Bericht über **Olimpia**, Tochter des Physik-Professors Spalanzani, die dieser abschirmt und die starr und leblos auf ihn wirkt
- Ankündigung, zu Clara und Lothar zu reisen

Auf einen Blick

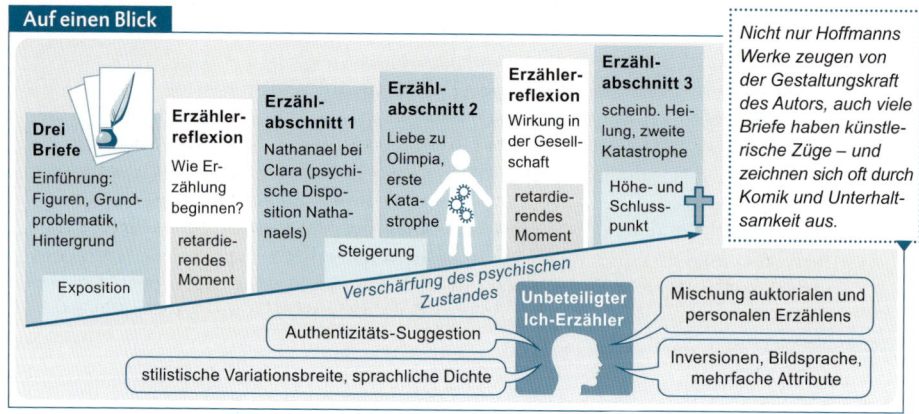

Nicht nur Hoffmanns Werke zeugen von der Gestaltungskraft des Autors, auch viele Briefe haben künstlerische Züge – und zeichnen sich oft durch Komik und Unterhaltsamkeit aus.

Aufbau und Struktur

- Äußere Struktur:
  - **Drei Briefe** (jeweils mit Überschrift): Nathanael an Lothar, Clara an Nathanael, Nathanael an Lothar
  - **Zwei mit Strich** voneinander abgehobene **Erzählabschnitte:**
    1. Erzählerreflexion und Nathanaels Aufenthalt bei Clara
    2. Liebe zu Olimpia, geistige Verwirrung, Genesung, Heiratsvorhaben, Sturz vom Turm
- Innere Struktur:
  - **Drei Briefe** als **Exposition:** Einführung der Figuren, der Grundproblematik (Besuch Coppelius' als Auslöser) und des traumatischen Hintergrunds
  - retardierender **Erzähler-Exkurs:** Reflexion des Erzählansatzes
  - **Erzählabschnitt 1:** Nathanaels Aufenthalt bei Clara → eigener Spannungsbogen (Beruhigung zu Beginn, zunehmende Eskalation mit drohender Katastrophe und schließlich Versöhnung)
  - **Erzählabschnitt 2:** Nathanaels Beziehung zu Olimpia (wiederum Besuch Coppelius' als Auslöser) → eigener Spannungsbogen mit einer **ersten Katastrophe** (Sich-Verlieben in Puppe bis hin zur Beobachtung des Streits zwischen Coppola und Spalanzani und daraus resultierendem Wahnsinn Nathanaels)
  - retardierender **Erzähler-Exkurs:** Reaktionen der Öffentlichkeit auf Olimpia-Enthüllung
  - **Erzählabschnitt 3: retardierendes Moment** (Genesung Nathanaels) und schlussendliche **Katastrophe** (Suizid Nathanaels)
- Steigerungsprinzip:
  Erzählabschnitt 1: Verdeutlichung der **psychischen Disposition** Nathanaels (Tendenz zu Fantasiewelten)
  Erzählabschnitt 2: **Verschärfung des psychischen Zustandes** (Wirklichkeitsverkennung: Olimpia als liebenswerter Mensch; sich daraus ergebender psychischer Zusammenbruch)
  Erzählabschnitt 3: **Höhe- und Schlusspunkt** (erneuter Wahnsinn mit Eskalation bis hin zur Tötungsabsicht gegenüber Clara und schließlich Suizid)
- retardierende Momente ebenfalls als Mittel der Spannungssteigerung
- Leitmotive als zentrales Strukturelement: Augen als (vermeintlicher) Spiegel der Seele und als (nicht immer „objektives") Wahrnehmungsorgan; Automaten-Menschen

Erzählweise

- **unbeteiligter Ich-Erzähler:**
  - Selbstreflexion im Hinblick auf die eigene Erzählweise
  - **Wirklichkeits-/Authentizitäts-Suggestion** durch Leser-Ansprache
  - Unklarheit, wie Ich-Erzähler die Geschichte erfahren hat (außer Lothars Weitergabe der Briefe)
  - **Züge auktorialen Erzählens** durch großes Wissen über die Figuren und die Vorgänge in ihrem Inneren – teilweise auch Distanzierung von Nathanaels Sicht der Dinge
  - aber oft auch **Tendenz zu personalem Erzählen:** Beschränkung auf Nathanaels (offenbar beeinträchtigte) Wahrnehmung → **Verunsicherung des Lesers** z. B. im Hinblick darauf, ob Coppola mit Coppelius identisch ist, und Hineinziehen in das „ver-rückte" Erleben Nathanaels
- teilweise **multiperspektivisches Erzählen:** z. B. die drei Briefe als unvermittelte Wiedergabe der Perspektive zweier Figuren
- **Zeitgestaltung:**
  - Erzählzeitpunkt: mehrere Jahre nach dem Geschehen → Rückblick
  - Verhältnis von erzählter Zeit und Erzählzeit: zurückhaltend **zeitraffendes Erzählen** mit gelegentlicher Tendenz zur **Zeitdeckung** bei der Darstellung wichtiger Szenen (z. B. zweite Begegnung mit Coppola; Streit Spalanzanis und Coppolas um Olimpia)
- **Darbietungsformen:**
  - Vielfalt in der Wiedergabe von Gedanken: von der **direkten Rede** über die **erlebte Rede** und die **indirekte Rede** bis hin zum **Bewusstseinsbericht**
  - direkte und indirekte Rede auch bei der Wiedergabe von Gesprochenem
  - Dialogpassagen meist mit Beschreibung der Figuren, des ablaufenden Geschehens oder auch der Wahrnehmung Nathanaels durchsetzt
- Tendenz zu **szenischem Erzählen** bei Darstellung einzelner Geschehnisse → Unmittelbarkeit

Sprache und Stil

- große **sprachlich-stilistische Variationsbreite** und **sprachliche Dichte**
- differenzierende und intensivierende **Doppelungen** (z. B. S. 37: „klapperten und dröhnten")
- Dramatisierung spannender Kernszenen durch kurze, oft asyndetische, z. T. **elliptische Sätze**
- Verwendung von Farbbeschreibungen: Adjektive „rot" und „dunkel" als Andeutung von Gefahr
- **mehrfache** (oft asyndetisch gereihte) **Attribute** zu einem Bezugswort → intensive, anschauliche und genaue Beschreibung von Menschen, Gegenständen und Situationen
- **abwechslungsreiche Syntax:** parataktisch geprägte Satzstrukturen (oft in dramatischen Schilderungen) und hypotaktische Satzstrukturen (oft in raffenden oder reflektierenden Passagen)
- **Inversionen** → stilistische Abwechslung und intensivierende Betonung wichtiger Worte
- lautliche Untermalung der Zusammengehörigkeit von Wörtern durch Alliterationen
- anschauliche **Metaphern,** bildhafte Umschreibungen, Vergleiche – v. a. für die Darstellung von Wahrnehmungen/Gefühlen (z. B. S. 27: „Tausend Augen", S. 18: „wie eisige Windeshauche")

Literarische Form und Epochenzugehörigkeit

- **Erzählung** mit einigen Merkmalen der Novelle (u. a.: unerhörte Begebenheit; Perspektiv als Dingsymbol; dramenähnlicher Aufbau, z. B. mit retardierendem Moment)
- Einordnung als Werk der **Schwarzen Romantik/Schauerromantik:** Suggestion dunkler Mächte, Darstellung der Abgründe/Nachtseiten der menschlichen Seele und des Wahnsinns etc.

Auf einen Blick

Psychoanalytisch/psychologisch
- S. Freud: Angst vor Augenverlust = Kastrationsangst; Aufspaltung des Vaters in guten Vater und bösen Vater
- Nathanael als schizophrener Psychotiker, Narzisst und/ oder Egozentriker

Poetologisch
- Dichtung als Kommunikationsversuch und Selbstausdruck, aber auch als Selbstbespiegelung
- Schwierigkeit, ein „inneres Gebilde" dem Leser adäquat mitzuteilen

Philosophisch
- Subjektivität von Wahrheit
- Menschenbild: Betonung des Empfindens gegenüber Ratio
- mögliche Nachtseite der Welt

Biografisch
- Nähe zum Exzentrischen
- Kenntnisse von Schizophrenie

Soziologisch
- Kritik am Frauenbild
- Frauen als verfügbares Objekt

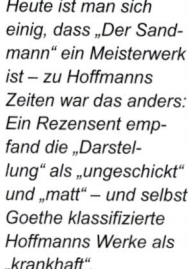

Heute ist man sich einig, dass „Der Sandmann" ein Meisterwerk ist – zu Hoffmanns Zeiten war das anders: Ein Rezensent empfand die „Darstellung" als „ungeschickt" und „matt" – und selbst Goethe klassifizierte Hoffmanns Werke als „krankhaft".

keine Allgemeingültigkeit nur eines Deutungsansatzes, sondern immer Zusammenspiel mehrerer Lesarten

Biografische Deutung

- **Einblick** Hoffmanns in **schizophrene Psychen** durch seine Arbeit als Jurist, bei der er entsprechende Gerichtsakten studierte
- teilweise eigene **Nähe zum Exzentrischen**, vielleicht sogar zum Wahnsinn
- Übersteigerung der eigenen Fantasie und der eigenen Ängste ins Krankhafte

Philosophische Deutung

- Betonung der **Empfindungswelt** und des **Irrationalen** entgegen dem Menschenbild der Aufklärung, das die Rationalität und die Vernunft hervorhebt
- Nathanaels **geistige Entwicklung als Gegenbeispiel zum aufklärerisch-klassischen Ideal** der Entfaltung positiver Individualität/Selbstbestimmung
- Weltbild: Verunsicherung der Überzeugung, dass nur die normale und gewohnte **Alltagswelt** existiert, durch Andeutung einer **dämonischen Welt** bzw. einer „**Nachtseite**" des Alltags (z. B. durch die Auswirkungen des – verzauberten? – Perspektivs)
- Bezug zum **Konstruktivismus: Subjektivität von Wahrheit** → Nathanaels Wirklichkeitskonstruktion (Coppelius=Coppola) nicht eindeutig von der Hand zu weisen (durch die vom Erzähler geschaffenen Uneindeutigkeiten)
- Kommunikationsproblematik (vgl. Erzählerreflexion nach den drei Briefen): Zweifel an Sprachförmigkeit des Inneren/innerer Bilder → Frage: Wie lässt sich Inneres ohne Verlust mitteilen?)
- Gefahren der Technik: Ersetzung des Menschen durch eine Maschine
- der Mensch als Erschaffer eines Menschen in Konkurrenz zu Gott → **Natürlichkeit vs. Künstlichkeit**
- **sprechende Namen:** Clara (von lat. *clarus* = klar, hell) als Figur der Aufklärung; Nathanael (von hebr. *nathan* + *el* = Gottesgabe) eher mit Bezug zum Wunderbaren und damit als Gegenfigur zu Clara; Olimpia (aus dem Griechischen: die vom Olymp Stammende) als ironische Andeutung, dass sie ein Geschöpf von Menschen ist, die sich Gottähnlichkeit anmaßen

Poetologische Deutung

- **Erzählerreflexionen:**
  - erzählstrategische Überlegungen, wie die Geschichte um Nathanael zu beginnen sei
  - Schwierigkeit, dem Leser von Beginn an den Reichtum und die Intensität des „**inneren Gebildes**" von einer Geschichte mitzuteilen
  - Vorzug eines anderen Vorgehens: erst Umrisse geben, um dann die Umrisse zu füllen (→ intermedialer Vergleich mit einem Maler) – die drei Briefe als entsprechender Erzählbeginn
- **Nathanael als Dichter:**
  - Nathanaels Dichtungen als Versuch, Clara seine Verfassung zu vermitteln → literarisches Schreiben als **Kommunikation und Selbstausdruck**
  - Nathanaels Lesungen eigener Werke bei Olimpia → literarisches Schreiben als Form der **Selbstbespiegelung/Selbstbewunderung**

Psychologische / psychoanalytische Deutung

- Interpretation der Erzählung durch **Sigmund Freud**, den „Erfinder" der Psychoanalyse:
  - Nathanaels **Angst** vor dem **Verlust der Augen** = **Kastrationsangst**
  - inzestuöse Kindheitswünsche als Anlass für die Angst, kastriert zu werden
  - **Aufspaltung** des geliebten und zugleich gehassten Vaters in einen **guten Vater** (biologischer Vater) und einen **bösen Vater** (Coppelius) – Verschiebung des Hasses auf diesen, um positives Vaterbild zu retten
  - Wiederholung dieser Aufspaltung in Coppola und Spalanzani
  - der Sandmann (und die mit ihm in eins zu setzenden Figuren Coppola und Coppelius) als „Störer der Liebe", sowohl der Liebe zu Clara als auch der Liebe zu Olimpia
  - Liebe zu Olimpia als **narzisstische Liebe** (als Selbstliebe)
- Nathanael als ein an einer **schizophrenen Psychose** erkrankter Mensch mit verschiedenen Symptomen:
  - **Verfolgungswahn:** Nathanaels Glaube, dass Coppelius/Coppola ihn verfolgt
  - **Wahnvorstellungen:** Coppelius/Coppola als Vertreter eines bösen Prinzips
  - **Wirklichkeitsverlust:** Liebe zur Puppe Olimpia
  - Rückzug aus sozialen Beziehungen: Abwendung von Clara
  - **plötzliche Aggressionen:** Angreifen Spalanzanis und Claras
  - schubweises Auftreten der Schizophrenie
- **Narzissmus und Egozentrik:** Begeisterung für Olimpia eigentlich **Begeisterung für sich selbst** (Gefühl, verstanden zu werden, durch die fehlende kritische Reaktion Olimpias)
- **Projektion eigenen Erlebens** in die Puppe Olimpia
- Entdeckung/Bestrafung Nathanaels durch Coppelius als unbewältigtes **Kindheits-Trauma**

Soziologische Deutung

- **Täuschbarkeit des Menschen** durch eine „Maschinenfrau" → **Kritik am Frauenbild** der Zeit, nach dem eine Frau, die nichts sagt und tut, nicht auffällt
- **genderorientierte Lesart:**
  - Schaffung einer schönen Idealfrau durch zwei Männer → der Mann als Schöpfer, die **Frau** als **Objekt von Macht** und als verfügbares **Objekt für erotische Wünsche**
  - Bevorzugung Olimpias durch Nathanael als Ausdruck von **Sexismus** (Wahl der passiven, nicht widerständigen Frau)

Auf einen Blick

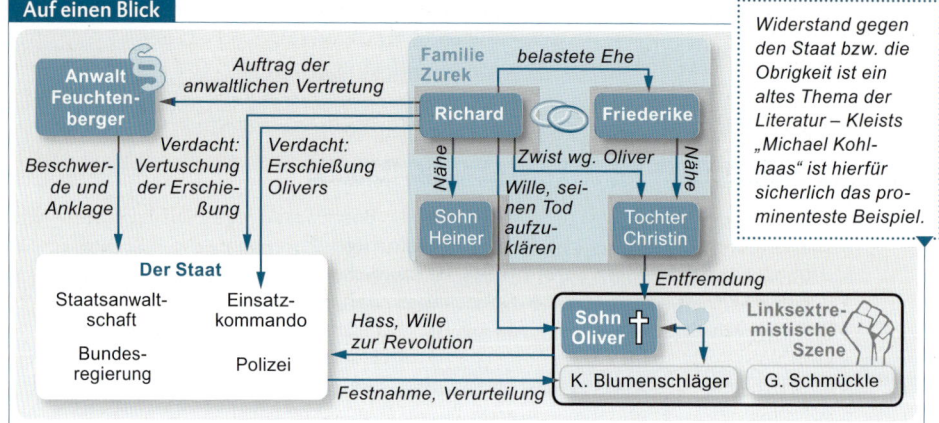

> Widerstand gegen den Staat bzw. die Obrigkeit ist ein altes Thema der Literatur – Kleists „Michael Kohlhaas" ist hierfür sicherlich das prominenteste Beispiel.

Kapitel 1 bis 3: Gegenwart

- **Richard Zurek** (pensionierter Schuldirektor) in einer **Dorfgaststätte** – Gespräch mit Ronald (Thekenkraft), einem ehemaligen Freund seines **vor fünf Jahren gestorbenen Sohnes Oliver**
- Besprechung im Gemeindesaal: Umbau des beschädigten Saales – auf dem Heimweg Gespräch mit Pfarrer: u. a. über Olivers Tod und über den großmäuligen „Revoluzzer" Gerd Schmückle
- Richards **Brief an den ehemaligen Innenminister**, dem er schon vor fünf Jahren einen Brief geschrieben hatte, um etwas **über Olivers Tod zu erfahren**
- Richards und Friederikes Besuch des **Bahnhofs in Kleinen**, an dem Oliver gestorben ist
- Richards Auseinandersetzung mit Dokumenten, die Olivers Tod betreffen

Kapitel 4 bis 10: Rückblick – Geschehen vor fünf Jahren

- Tod des schon länger untergetauchten Sohnes Oliver bei einem **Schusswechsel mit Grenzschutzbeamten**, die ihn wegen **Linksterrorismus** festnehmen wollten – bei diesem Einsatz auch Tod eines Beamten → **Schock für die Eltern** und Belästigung durch Journalisten
- Gespräch der Eheleute mit Tochter Christin, die sich vom Bruder Oliver wegen seiner Taten und Haltung distanziert, und mit Heiner, ihrem zweiten Sohn, der Oliver gedanklich näherstand
- **widersprüchliche Meldungen** zum Vorfall → Entscheidung des Ehepaars, sich vom **Anwalt Feuchtenberger vertreten** zu lassen, um die **Wahrheit über den Einsatz** zu erfahren
- Darstellung von **Staatsseite: Suizid Olivers**, nachdem er einen **Beamten erschossen** hatte
- **Korrektur** dieser Darstellung: **keine Selbsttötung**, sondern **Erschießung** (Obduktionsergebnis, Zeugen); Tod des Beamten durch **verirrte Kugel** → öffentliche Aufregung über den Fall
- Rücktritt des Innenministers, Entlassung des Generalbundesanwalts wegen der Ermittlungsfehler
- Bitte des Schuldirektors, dass sein Vorgänger Richard an der Schule zu dem Vorfall spreche
- Besuch K. Gloedels (eine Freundin Olivers), die den Zureks persönliche Sachen Olivers anvertraut
- Auseinandersetzung Richards mit Tochter Christin über Oliver und die Schuldgefühle des Vaters
- neuerliche **Korrektur** der Ermittlungsergebnisse: **Suizid Olivers** nach Verletzung durch Schüsse → **Schock** der Eltern und Heiners These, die Ergebnisse seien **vom Staat manipuliert** worden
- Richards Anzeige gegen den Bundeskanzler, der Oliver einen Mörder nennt („üble Nachrede")
- Gespräch mit Schuldirektor, der seine Bitte zurückzieht, dass Richard in seiner Schule spreche

- zahlreiche verbale Angriffe der Politik auf die Berichterstattung der Presse
- **Freigabe des Leichnams** am 30. Juli → **Beerdigung** Olivers eine Woche später
- **Einstellung des Ermittlungsverfahrens zur Aufklärung** von Olivers Todesumständen durch die Staatsanwaltschaft (trotz Ungereimtheiten und Zweifeln an Aussagen beschuldigter Beamter) → **Richards Fassungslosigkeit** und sein Entschluss, dagegen **Beschwerde einzulegen**

Kapitel 11 bis 20: Rückblick – die Zeit bis zur Gegenwart

- äußerliche Normalisierung des Ehe-Alltags, nachdem **Beschwerde** gegen Verfahrenseinstellung und die anschließende Verfassungsbeschwerde **zurückgewiesen** worden ist → Richards Einsicht, einen **aussichtslosen Kampf gegen die staatliche Übermacht** geführt zu haben
- Versuche Richards, den **Weg seines Sohnes zu verstehen**
- Briefe an ehemaligen Generalbundesanwalt und Innenminister: **Bitte um Aufklärung**
- Entschluss, Katharina Blumenschläger zu schreiben, die seit dem Vorfall in Kleinen inhaftiert ist
- Rückblick auf die Zeit **zwischen erster Haft Olivers und seinem Tod** sowie auf einen Urlaub, seit dem das Ehepaar vermutet, vom Staat überwacht zu werden
- Gespräch der Eheleute über ihr Kennenlernen und über die Sinnhaftigkeit ihrer Berufe
- Brief von K. Blumenschläger, die die vermutete **innige Beziehung zu Oliver** bestätigt
- Richards ehemaliger Mitschüler Lutz Immenfeld: **Bereitschaft zu Gewalt** gegen den Staat
- Brief K. Blumenschlägers: z. T. kritische Reflexionen über ihre Vergangenheit
- **Streit der Eheleute** wegen Richards Treffens mit seiner früheren Geliebten (Susanne Parlitzke)
- (von Christin angeregte) Urlaubstage in Frankfurt zwischen Weihnachten und Silvester
- Gespräch mit Christin: Richards Auffassung, die **ungerechtfertigte Haft** habe zu Olivers Radikalisierung geführt → Anzeichen für **Richards Annäherung** an Perspektive der **Linksterroristen**
- Februar: Beginn des **Prozesses gegen K. Blumenschläger**, den die Eheleute einmal besuchen
- **Abweisung der Beschwerde** → alle Rechtsmittel ausgeschöpft → Richards Wut
- Friederike im Krankenhaus – Urlaub auf Amrum → Urlaubsende an Olivers zweitem Todestag
- Heiners Bericht über sein Verhältnis zu Oliver, der Heiner vor der Illegalität bewahrt hat
- Februar 1997: Anruf Immenfelds, der anregt, den Fall einem fähigen Anwalt anzuvertrauen
- Urteil gegen K. Blumenschläger: **lebenslängliche Haft**
- Vorschlag des neuen Anwalts, die **Vorfälle** durch eine Klage auf Erstattung der Begräbniskosten **erneut verhandeln** zu lassen → Richards Überlegung, Feuchtenberger die Klage anzuvertrauen

Kapitel 21 bis 23: Gegenwart

- etwa drei Monate später: Auftrag an **Feuchtenberger**, die **neuerliche Klage zu führen**
- Besuch der Eheleute bei K. Blumenschläger im Gefängnis
- Mitte September: **Einreichen der neuerlichen Klage**
- Anruf beim damaligen Innenminister → Abweisung von Richards Gesuchs um Aufklärung
- August des Folgejahres: **Verhandlung der Klage**
- Christins heftige Kritik an der Klage bzw. daran, nicht darüber informiert worden zu sein
- vierter Besuch bei K. Blumenschläger
- Abweisung der Klage, aber Feuchtenbergers Freude, weil der Richter die Version der Staatsanwaltschaft als nicht bewiesen eingeordnet hat → Richards Unverständnis → Erklärung Feuchtenbergers, **Oliver sei ab jetzt vor dem Gesetz schuldlos**
- Richards Rede in seiner ehemaligen Schule über Olivers Leben → **Widerruf des Amtseids**, der ihn auf die Treue zum Staat verpflichtet hatte → Anzeichen für **innere Befreiung**

Auf einen Blick

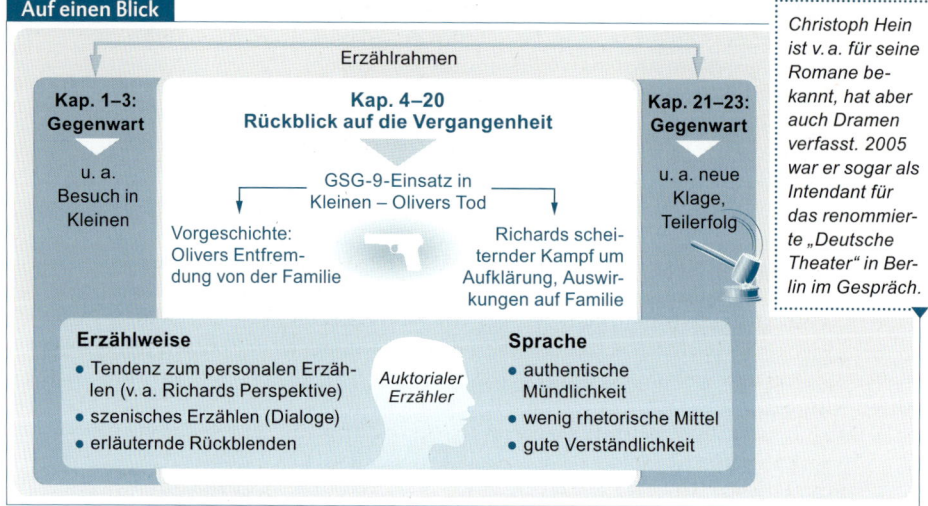

Erzählrahmen

Kap. 1–3:
Gegenwart

u. a.
Besuch in
Kleinen

Kap. 4–20
Rückblick auf die Vergangenheit

GSG-9-Einsatz in
Kleinen – Olivers Tod

Vorgeschichte:
Olivers Entfrem-
dung von der Familie

Richards schei-
ternder Kampf um
Aufklärung, Auswir-
kungen auf Familie

Kap. 21–23:
Gegenwart

u. a. neue
Klage,
Teilerfolg

*Christoph Hein
ist v. a. für seine
Romane be-
kannt, hat aber
auch Dramen
verfasst. 2005
war er sogar als
Intendant für
das renommier-
te „Deutsche
Theater" in Ber-
lin im Gespräch.*

Erzählweise
- Tendenz zum personalen Erzählen (v. a. Richards Perspektive)
- szenisches Erzählen (Dialoge)
- erläuternde Rückblenden

*Auktorialer
Erzähler*

Sprache
- authentische
  Mündlichkeit
- wenig rhetorische Mittel
- gute Verständlichkeit

Aufbau und Struktur

- äußere Struktur des **2005** publizierten Romans: **23** nummerierte **Kapitel** mit Zitat vor 1. Kapitel
- innere Struktur: **Einbettung** der Darstellung der Vergangenheit (Kap. 4–20) in die Gegenwarts-
  handlung (Kap. 1–3 und Kap. 21–23)
- Spannungserzeugung:
  – Kap. 1–3: Spannung im Hinblick darauf, **wie Oliver zu Tode gekommen** ist
  – ab Kap. 4: wenig Spannungserzeugung im Hinblick darauf, ob die Ermittlungsergebnisse Oliver
    als Täter oder Opfer darstellen werden (denn Einordnung als Täter liegt aufgrund der vorigen
    Kapitel nahe) → Lenkung des Blicks auf die Fragen, **wie es zu den Ermittlungsergebnissen
    gekommen** ist und **welche Auswirkungen es auf die Familie** hat
  – ab Kap. 20/21: Spannungserzeugung im Hinblick darauf, ob die **neuerliche Klage Erfolg**
    haben wird
- Abfolge der Ermittlungsverfahren und juristischen Auseinandersetzungen: Ermittlungen zu
  Olivers Todesumständen → Einstellung des Ermittlungsverfahrens nach sieben Monaten →
  Einreichen der Beschwerde gegen die Verfahrenseinstellung → Zurückweisung der Beschwerde
  → Verfassungsbeschwerde → Zurückweisung der Verfassungsbeschwerde → Verklagen der
  Bundesregierung auf Erstattung der Begräbniskosten → Abweisung der Klage

Erzählweise

- grundsätzlich **auktorialer Erzähler:**
  – **souveräne Zeitsprünge** im Erzählen (z. B. vom Kap. 3 zu Kap. 4)
  – **Erläuterung** von Zusammenhängen, v. a. zu Figuren (vgl. z. B. die Hinweise zu Lutz
    Immenfeld, S. 181) oder zu vorangehendem Geschehen (vgl. z. B. die Hinweise zu Olivers
    Untertauchen, S. 148)
  – allerdings kaum kommentierende oder reflektierende Einlassungen

- zugleich immer wieder starke **Tendenzen zu personalem Erzählen**
  - häufig **Übernahme der Perspektive Richards** (vgl. z. B. Richards Wahrnehmung der Urteilsbegründung, S. 257 f.)
  - **Einblicke ins Innenleben** fast ausschließlich bei **Richard**, gelegentlich auch bei Friederike (z. B. am Romanbeginn)
- Gefühlsdarstellung oft auch über Beschreibung von Verhalten, Mimik, Stimmlage etc.
- Darbietungsformen:
  - in der Regel **szenisches Erzählen** bei Dialogwiedergabe (nur selten indirekte Rede)
  - ansonsten Vorherrschen des **Erzählberichts**
  - weitgehender Verzicht auf Formen wie die erlebte Rede oder den inneren Monolog
- Zeitgestaltung:
  - häufige erläuternde **Rückblenden**, in denen die Vorgeschichte beleuchtet wird
  - Verhältnis von Erzählzeit und erzählter Zeit: **Zeitdeckung** bei Dialogwiedergabe, ansonsten Tendenz zu zeitraffendem Erzählen (vgl. z. B. S. 43)
- lange **Dialogpassagen**
- Hinweise auf familiäre Vorgeschichte oft in Gesprächen (zwischen Richard, seiner Frau und seinen Kindern)
- gleichmäßiges, teilweise langsames Erzählen durch ausführliche Vorgangsbeschreibungen

Sprache und Stil

- Figurenrede: Tendenz zu **authentischer Mündlichkeit** (eher kurze Sätze, teilweise elliptisches Sprechen, gelegentlich umgangssprachliche Wortwahl, wenige rhetorische Stilmittel etc.)
- Wechsel von **langen und kurzen Sätzen** sowie von **parataktischem und hypotaktischem Satzbau:**
  - lange hypotaktische Satzkonstruktionen insbesondere bei zusammenfassender Wiedergabe von offiziellen Verlautbarungen (vgl. z. B. S. 124)
  - parataktische Satzkonstruktionen insbesondere bei Schilderung von gegenwärtigem Verhalten bzw. gegenwärtigen Vorgängen (vgl. z. B. S. 19)
- zurückhaltender Einsatz rhetorischer Mittel (z. B. gelegentliche Vergleiche, die Verhaltensweisen und Stimmungen veranschaulichen sollen)
- **ruhiger Erzählfluss**
- häufige Verwendung von **Adjektiven** und **Partizipien**, die insbesondere Stimmungen und Gefühlsreaktionen erfassen (z. B. „belustigt", „fragend", „ernsthaft", „gekränkt", S. 18)
- weitgehend **alltägliche Wortwahl** → einfache, gut verständliche Sprache
- gelegentlich Fachbegriffe in Gesprächen über juristische Themen

Literarische Form

- Roman als **Familienroman:** familiäre Vorgänge im Zentrum des Romans (sowohl die Beziehungen zu Oliver als auch die Beziehung anderer Familienmitglieder untereinander)
- Roman als **Justizroman:** Darstellung juristischer Prozesse und Andeutung eines Justizskandals (ohne detaillierte Schilderung von Gerichtsverfahren)

Auf einen Blick

Psychologisch
- Entfremdung zwischen Familienmitgliedern, v. a. zwischen Vater und Sohn
- Tod eines Kindes als kritisches Lebensereignis
- Richards Entwicklung vom Staatsdiener zum Staatskritiker

Historisch
- Kritik am GSG-9-Einsatz in Bad Kleinen und am staatlichen und juristischen Umgang mit ihm
- Andeutung staatlicher Manipulation der Aufarbeitung

In der Literaturkritik kam Heins Roman nicht so gut weg. So wurde ihm u. a. vorgeworfen, zu dokumentarisch und zu wenig literarisch geschrieben zu haben.

Politisch
- Frage, ob in Deutschland Gewaltenteilung gegeben ist
- Frage nach dem Recht auf gewaltsamen Widerstand gegen den Staat

Soziologisch
- Boulevardjournalismus und sein Einfluss
- Auswirkungen der öffentlichen Auseinandersetzung mit dem Fall auf die Familie

Philosophisch
- Altwerden: Frage nach dem „guten Leben"
- Legitimität vs. Legalität?

keine Allgemeingültigkeit nur eines Deutungsansatzes, sondern immer Zusammenspiel mehrerer Lesarten

Psychologische Lesart

- **Entfremdung** zwischen Eltern und Kind sowie zwischen Geschwistern:
  - Beziehung zwischen **Vater und Sohn Oliver:** Entfernung des Sohns von der Familie und von den Werten des Vaters → diffuses **Schuldgefühl** des Vaters – Versuche, zu ergründen, inwiefern er an Olivers Radikalisierung und Entfremdung Anteil hatte, und Versuche, die mögliche Schuld auszugleichen, indem er juristisch zumindest die Rehabilitation seines Sohnes erstreitet
  - Beziehung der **Tochter Christin zu Oliver:** in der Jugend „ein Herz und eine Seele" → Entfremdung u. a. wegen **politischer Überzeugungen** (Christin ist im Staatsdienst)
  - Beziehung zwischen **Vater und Tochter Christin:** Belastung der Beziehung durch **unterschiedliche Haltung** zu Olivers Entwicklung und zu seinen Todesumständen
  - Beziehung des **Sohnes Heiner zu Oliver:** früher ähnliche politische Überzeugungen → Olivers „Verbot", dass Heiner den gleichen Weg wie Oliver geht
- **Entwicklungspsychologie:**
  - Frage nach der **Bedeutung der Kindheit** (vgl. Romantitel und vorangestelltes Zitat): Kindheit zwar wichtig, doch viele weitere Faktoren für die Entwicklung der Individualität bedeutend (Freundschaften etc.)
  - **Tod** des Kindes als **kritisches Lebensereignis:** psychische Qual, nicht zu wissen, wie die Todesumstände des Sohnes genau waren → Richards Recherchen als Teil der **Bewältigung** bzw. als **Trauerarbeit**
- **Beeinträchtigung der Ehe** durch Richards Fokussierung auf die Aufarbeitung der Todesumstände
- Entwicklung Richards vom **staatstreuen Schuldirektor** zum **Staatskritiker** aufgrund biografischer Erfahrungen mit dem Staat (vgl. Rede in seiner Schule: Widerruf seines Amtseides)
- **Öffentlichkeit** als **Stressfaktor:** Stress der Eltern, v. a. wegen Belästigung durch Journalisten und wegen reißerischer Berichterstattung

Historische Lesart

- literarische Verarbeitung eines historischen Vorbilds: GSG-9-Einsatz in Bad Kleinen, bei dem der RAF-Terrorist Wolfgang Grams und ein Polizist starben – Roman lesbar als literarische Stellungnahme zu diesem Einsatz und zu den Ergebnissen der nachfolgenden Ermittlungen:
  - Infragestellung der offiziellen Darstellung des Einsatzes
  - Kritik am staatlichen Umgang mit dem Fall und an der juristischen Aufarbeitung
    → Andeutung, dass die Ermittlungen durch Staat und Justiz manipuliert worden sind
  - ggf. Verklärung der RAF und der Rolle Wolfgang Grams'
- Roman als Text eines DDR-Autors → ggf. Infragestellung bundesrepublikanischer Selbstgefälligkeit durch die Andeutung staatlicher Manipulation, Vertuschung und Rechtsverletzung, wie sie sonst eigentlich nur der DDR bescheinigt werden

Politische Lesart

- Infragestellung des politischen Systems, in dem eine strenge Gewaltenteilung nicht der Fall zu sein scheint: Verschleierung der Vorgänge in der Exekutive (Grenzschutzbeamten) durch die Judikative (Rechtsprechung) mit Beihilfe durch die Legislative (Politiker)
- Kritik an Vertretern der Politik, die den Journalismus angreifen
- Frage, inwieweit der Einzelne ein Recht auf gewaltsamen Widerstand gegen den (demokratischen) Staat hat
- Richards Absage an das von Olivers Umfeld begründete Unterstützerkomitee, das u. a. finanziell helfen will → Gefahr, politisch von bestimmten Gruppen vereinnahmt zu werden

Soziologische Lesart

- Einfluss des sensationslüsternen Boulevardjournalismus auf die öffentliche Meinung
- Einfluss der Vorgänge um Oliver auf die Familienmitglieder im sozialen Kontext:
  - Gerede in Kleinstadt als erhebliche Beeinträchtigung des sozialen Lebens der Zureks
    → Anzeichen von Ausgrenzung
  - Christins Schwierigkeiten im Beruf, weil sie als Lehrerin dem Staat verpflichtet ist, der jedoch von ihrem Bruder angegriffen wird
- große Bedeutung der Bindungen zwischen Mann und Frau – dabei Aufzeigen verschiedener Bindungsmodelle/-stadien und Sehnsüchte (Ehe: Friederike und Richard mit drei Kindern [allerdings mit Affäre Richards], Christin und ihr Mann mit Sohn; Olivers kinderlos gebliebene Verbindung mit K. Blumenschläger; Heiners Sehnsucht einer Verbindung mit Arbeitskollegin Sigrid)

Philosophische Lesart

- Altwerden als Zeit der Selbstbefragung im Hinblick darauf, ob man ein „gutes Leben" geführt hat bzw. ob das Leben sinnvoll war:
  - Richards Versuch, Gerechtigkeit für den Sohn und Wiederherstellung seiner Ehre zu erlangen
  - Richards rückblickende Infragestellung des Berufs und der Art und Weise, wie er ihn ausgeübt hat → Frage, ob er sein Leben verfehlt hat
- Verhältnis von Legitimität und Legalität: Frage, ob Widerstand gegen die das Gesetz vertretenden Kräfte legitim ist → Bedeutung von Gewissensentscheidungen

Auf einen Blick

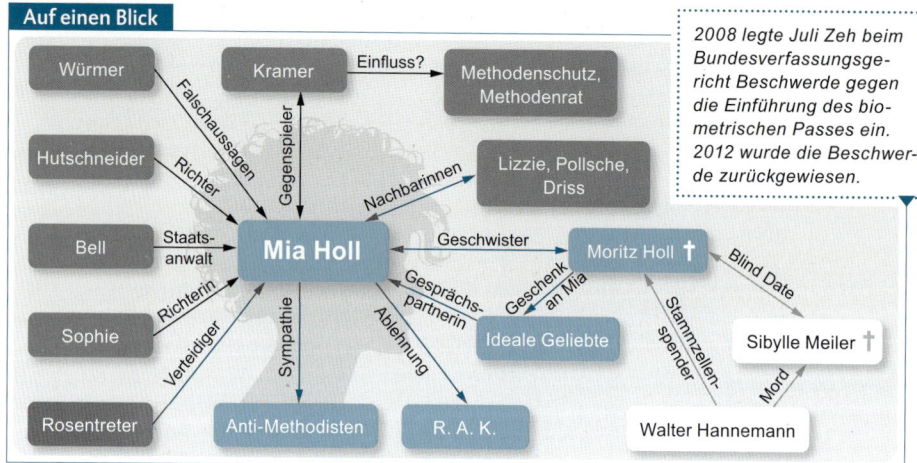

2008 legte Juli Zeh beim Bundesverfassungsgericht Beschwerde gegen die Einführung des biometrischen Passes ein. 2012 wurde die Beschwerde zurückgewiesen.

Kapitel 1 und 2: Zwei Schriftstücke

- *Das Vorwort:* aus Schrift von Heinrich Kramer → **Gesundheit** als höchstes Ziel des Menschen
- *Das Urteil:* **Biologin Mia Holl** zum Einfrieren auf unbestimmte Zeit verurteilt

Kapitel 3 bis 17: Erste Konflikte mit der METHODE

- *Mitten am Tag, in der Mitte des Jahrhunderts:* Verhandlung zwischen **Richterin Sophie**, Staatsanwalt Bell und Rechtsanwalt Rosentreter über Strafen für Gesundheitsverbrecher; Eintreten des Journalisten **Kramer**; Klärungsgespräch mit Mia Holl beschlossen
- *Pfeffer:* Kramer auf dem Weg zu Mia → Begegnung mit drei Nachbarinnen im Treppenhaus
- *Die ideale Geliebte:* Mia erinnert sich (mit der imaginären idealen Geliebten) an ihren Bruder Moritz
- *Eine hübsche Geste:* Vorwurf Mias an Kramer, er sei an **Moritz' Suizid** im Gefängnis schuld
- *Genetischer Fingerabdruck:* Bericht über Moritz (Vorwurf der Vergewaltigung und des Mordes)
- *Keine verstiegenen Ideologien:* Mia und Kramer über die Sinnhaftigkeit der **METHODE**
- *Durch Plexiglas:* Tausch zwischen Mia und Moritz: **ideale Geliebte** gegen Schnur (für Suizid)
- *Eine besondere Begabung zum Schmerz:* Mias misslungener Versuch, ihre Wohnung zu putzen
- *Bohnendose:* Mias erfolgreiche **Gesundheitsuntersuchung** beim Amtsarzt
- *Saftpresse:* Sophies Hilfsangebot (Betreuung, Kur) von Mia abgelehnt (ihr Schmerz sei privat)
- *Nicht dafür gemacht, verstanden zu werden:* Einblick in Mias **Trauer** und stumme **Qual**
- *Privatangelegenheit:* Zugeständnis von Sophie → **Ruhe** und Zeit für Mia
- *Fell und Hörner, erster Teil:* Moritz' und Mias Gespräch über **Moritz' Liebesleben**
- *Rauch:* Liebesfantasie der Nachbarin Driss über Mia; **Mia beim Rauchen** im Flur entdeckt
- *Keine Güteverhandlung:* Geldstrafe für Mia wegen Rauchens, **Rosentreter** als ihr neuer Anwalt

Kapitel 18 bis 35: Verteidigung und Aufdeckung des Justizskandals um Moritz

- *Ein netter Junge:* Rosentreters Beteuerung, sich für Mia einzusetzen; Anfechtung der Geldstrafe
- *Wächter:* Hilfsangebot der drei Nachbarinnen von Mia abgelehnt
- *In der Kommandozentrale:* Streitgespräch Mia – ideale Geliebte: Sport werde Mia nicht heilen

Auf einen Blick

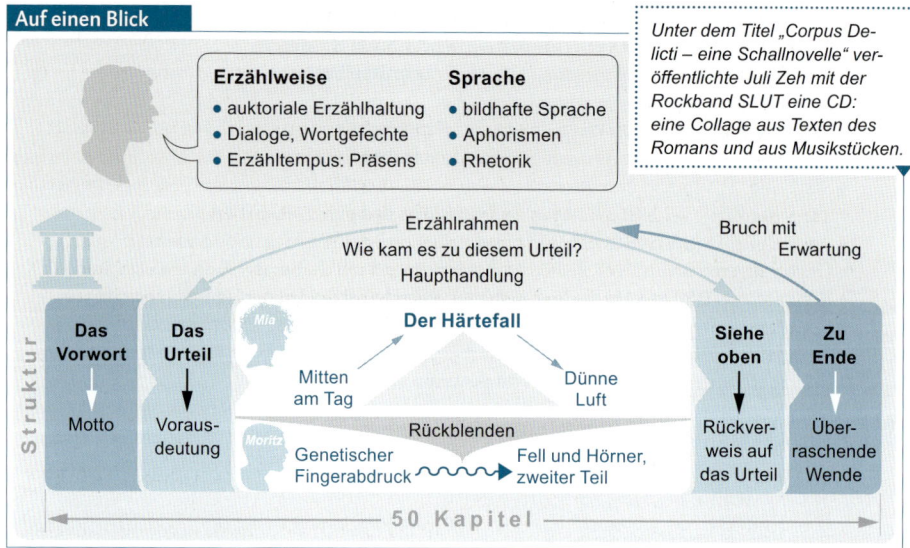

Unter dem Titel „Corpus Delicti – eine Schallnovelle" veröffentlichte Juli Zeh mit der Rockband SLUT eine CD: eine Collage aus Texten des Romans und aus Musikstücken.

Erzählweise
- auktoriale Erzählhaltung
- Dialoge, Wortgefechte
- Erzähltempus: Präsens

Sprache
- bildhafte Sprache
- Aphorismen
- Rhetorik

Erzählrahmen
Wie kam es zu diesem Urteil?
Haupthandlung

Bruch mit Erwartung

Struktur

| Das Vorwort | Das Urteil | Mia | **Der Härtefall** | | Siehe oben | Zu Ende |

Mitten am Tag — Dünne Luft

Rückblenden

Moritz — Genetischer Fingerabdruck ～～～ Fell und Hörner, zweiter Teil

| Motto | Vorausdeutung | | | | Rückverweis auf das Urteil | Überraschende Wende |

— 50 Kapitel —

Aufbau und Struktur

- der **2009** erschienene Roman hat **50 Kapitel** von sehr unterschiedlicher Länge (2–16 Seiten)
- Kapitelbenennung: signifikante Wörter/Halbsätze aus dem Kapitel (oder gliedernd: z. B. *Zu Ende*)
- vorangestelltes *Vorwort:* Zitat aus Kramers ideologischer Schrift, außerhalb der erzählten Handlung angesiedelt, Funktion eines **Mottos:** Einstimmung auf Gedankenwelt der METHODE
- *Das Urteil:* scheinbare **Vorwegnahme des Romanendes** als offizielles Dokument, Spannung: Wie kam es zu diesem Urteil? → zusammen mit *Siehe oben:* Bildung des basalen Erzählrahmens
- von *Mitten am Tag, in der Mitte des Jahrhunderts* bis zu *Dünne Luft:* Geschichte darüber, wie es zu Mias Verurteilung kam → in der **Rückschau** und in **chronologischer Reihenfolge** erzählt
- **Höhepunkte** der Handlung: *Der Härtefall* (Niederlage für METHODE: Moritz' Unschuld) und *Wie die Frage lautet* (Mias Wandlung zur Systemgegnerin endgültig vollzogen)
- Erzählung über Mias Verurteilung immer wieder durch Rückblenden (Analepsen) unterbrochen: **Geschichte von Moritz** bzw. des Verhältnisses zwischen Mia und ihrem Bruder
- durch **Verschachtelung** der Erzähl- bzw. Handlungsebenen (Mias Geschichte – Moritz' Geschichte) bessere Beleuchtung der Entwicklung Mias: von der Konformistin zur Systemgegnerin
- Vergleich: Angelschnur bzw. Nadel ins Gefängnis → **Erwartung:** Begeht auch Mia Selbstmord?
- *Zu Ende:* Rückschau beendet, Fortsetzung der Handlung nach Urteilsverkündung: Erwartungen des Lesers nach *Das Urteil* unterlaufen → unerwartete **Schlusswendung**

Erzählweise

- Handlungsort und -zeit: in einer **Gesundheitsdiktatur** um das Jahr **2050**
- zeitliche Einordnung: Moritz seit ca. 4 Wochen tot, als Handlung um Mia einsetzt
- **auktoriales Erzählverhalten:** Erzähler nimmt Leser stark an die Hand (Herstellung von Gemeinschaft durch Wahl der Wir-Form) und macht seinen Wissensvorsprung deutlich

→ „Gehen wir der Einfachheit halber davon aus, dass sie [Mia] an Moritz denkt. Die Wahrscheinlichkeit, dass wir richtig liegen, ist sehr hoch." (S. 79)

- Erzähltempus: Präsens in der Mia-Handlung → **Unmittelbarkeit**, Gefühl des Lesers, die Ereignisse live mitzuerleben
- meist Präteritum als Erzähltempus in Moritz-Kapiteln („Wählen wir für ein paar Minuten die Vergangenheitsform", S. 60) → **Erinnerungscharakter** dieser Kapitel
- personales Erzählverhalten (in der Ich-Form) im Kapitel *Wie die Frage lautet* → Mias finales Bekenntnis zum Widerstand gegen die METHODE dadurch deutlich hervorgehoben
- Kramers Zeitungsartikel über Moritz (*Bedrohung verlangt Wachsamkeit*): ohne erzählerischen Eingriff abgedruckt → Leser des Romans gleichgestellt mit Zeitungsleser in der erzählten Welt
- **Vielzahl von Dialogen** in direkter Rede: Auseinandersetzungen der Figuren um richtige Verhaltensweisen und um Sinnhaftigkeit der METHODE dialektisch (Rede und Gegenrede) entfaltet → Austauschen unterschiedlicher Argumente und Sichtweisen als **rhetorische Wortgefechte** direkt vor den Augen des Lesers

Sprache und Stil

- nüchtern-schmuckloser Sprachstil und parataktischer Satzbau in den Erzählpartien → einfacher Zugang, **didaktische Ausrichtung** des Romans
- **rhetorische Ausgestaltung** der Dialoge: Vortragscharakter vieler Äußerungen mit dem Ziel, den Gesprächspartner vom eigenen Standpunkt zu überzeugen (v. a. bei Mia, Moritz, Kramer)
- Kramers menschenverachtende und **demagogische Sprache** v. a. aus Bereichen „Hygiene, Krankheit" (z. B. abweichende Gedanken als „Virus") → Nähe zur Wortwahl der NS-Propaganda
- Einsatz von Fremdwörtern und Fachbegriffen aus den Bereichen **Justiz**, **Medizin** und **politischer Philosophie** → Ernsthaftigkeit des Diskurses
- staatliche Medien: TV-Show WAS ALLE DENKEN und Zeitung DER GESUNDE MENSCHENVERSTAND: Anspruch auf Allgemeingültigkeit und Verbindlichkeit sprachlich festgehalten
- „Santé" (frz., „Gesundheit") als Grußformel: Gesundheitswahn in Alltagssprache integriert
- Charakterisierung durch sprechende Namen: z. B. Kramer (Suche nach Geheimnissen), Würmer (Unterordnung, Gehorsam)
- **bildhafte Sprache:** Vielzahl von Vergleichen und Metaphern → lebendige Charakterisierung des Verhaltens und des Innenlebens der Figuren (z. B. Mia als „Zaunreiterin")
- **Aphorismen:** kurze Sätze, die losgelöst vom Kontext vermeintliche Lebensweisheit ausdrücken und im Text Meinung der Figuren darstellen (z. B.: „Um frei denken zu können, muss sich der Mensch vom Tod abwenden", S. 94) → fordern den Leser zur Auseinandersetzung auf
- Abstammung des Romans von einem Theaterstück sprachlich noch klar erkennbar: **Szenenhaftigkeit** vieler Kapitel v. a. durch lange Dialoge und schnelle Wechselreden

Gattungszugehörigkeit

- **dystopischer Science-Fiction-Roman:** düstere Zukunftsvision der Gesellschaft, in der die technisch-wissenschaftlichen Neuerungen zur Unterdrückung der Menschen eingesetzt werden
- **Kriminalgeschichte:** Verbrechen im Mittelpunkt der Handlung → Mord an Sibylle Meiler und Verstrickung von Moritz Holl eng verknüpft mit der Frage nach der Legitimation der METHODE
- **Gerichtsdrama:** Nähe des Textes zum Theater, Haupthandlung in Gerichtssälen angesiedelt
- **Entwicklungsroman:** Mias Weg von der systemkonformen Musterbürgerin zur rebellischen Widerständlerin als Akt der intellektuellen und emotionalen Reifung

Auf einen Blick

Juristisch
- Staat als Straftäter entlarvt
- Kritik an Überwachung und Folter

Soziologisch
- Konflikt zwischen Gemeinwohl und persönlicher Freiheit
- fehlende Sensibilität im Umgang mit Daten

Fitnessarmbänder und -apps messen die Bewegungen ihrer Benutzer, und viele Versicherungsunternehmen haben großes Interesse an diesen Daten. Werden Juli Zehs Befürchtungen bald wahr?

Psychologisch
- Mias Trauer und Schuldgefühle
- Mias Entwicklung zur Systemgegnerin

Politisch
- Unmenschlichkeit der Gesundheitsdiktatur
- Recht auf Widerstand bei Fehlern im System

keine Allgemeingültigkeit nur eines Deutungsansatzes, sondern immer Zusammenspiel mehrerer Lesarten

Juristische Lesart

- Corpus Delicti = in der Rechtssprache ein Gegenstand, mit dem eine Straftat begangen wurde → überragende **Bedeutung des Körpers** für die METHODE
- Richterin Sophie → Anhängerin der METHODE, akribisch, jedoch abgesetzt wegen Befangenheit
- Verteidiger Rosentreter → systemkritisch und liberal: **Gerichtsprozess als Theater** und Spiel
- Richter Hutschneider → von Mias Prozess überfordert, deswegen überaus gehorsam und streng
- Justiz in der Hand politischer Entscheidungsträger: Einfluss des Journalisten Kramer und des Methodenrats → **keine Unabhängigkeit der Justiz**, keine Gewaltenteilung
- falsche Beweise gegen Mia von staatlicher Seite aus, Mia zur Täterin gemacht: Würmer als falscher Zeuge, erfundene Terrororganisation *Schnecken* → **Staat als Straftäter**
- **Überwachung** durch Justiz und Bestrafung bei Fehlverhalten: Ganzkörperaufnahmen, sportliches Leistungsprofil, Schlaf- und Ernährungsbericht, Blut- und Urinproben, Chip im Körper
- DNA-Test in Moritz' Prozess trügerisch → keine Unfehlbarkeit naturwissenschaftlicher Methoden
- Autor des Buchs *Hexenhammer* von 1487 heißt Heinrich Kramer, Folterung der „Hexe" Mia: **Projektion mittelalterlicher (Rechts-)Verhältnisse** in eine fiktive Zukunft → Grausamkeit als epochenübergreifendes Merkmal der menschlichen Natur

Psychologische Lesart

- Mia früher: **rational**, von Beruf Biologin, ohne Interesse an Menschen oder an Liebe, **angepasst** aus Dankbarkeit für die Hilfe der METHODE bei Moritz' Heilung von Leukämie
- **Geschwisterbeziehung** Moritz – Mia: gegenläufige Ansichten → Moritz als romantischer Träumer, lustiger Rebell und Poet – Mia als spöttische und kalte Realistin
- **Trauer** um Moritz und **Schuldgefühle** nach dessen Suizid (Angelschnur!): Mias Leben aus den Fugen → Beginn der staatlichen Intervention, **Einmischung in Mias Privatleben**
- Mia von Moritz' Unschuld überzeugt → Verlangen nach **Gerechtigkeit**
- Mias Entwicklung während der Trauerarbeit: zunehmend kritischer und kämpferischer → Ansporn zum Rebellieren durch die **ideale Geliebte** (= Moritz' Sprachrohr)
- Mias „Selbstgespräche" mit idealer Geliebten auch als **geistige Verwirrung** deutbar

- Mias persönliches Unglück und ihr psychischer Zustand zur öffentlichen **Staatsaffäre** und zur Bewährungsprobe für die METHODE erhoben
- entscheidender Einschnitt für Mias Entwicklung: Rosentreters Beweis, dass Moritz unschuldig ist → von da an **keine Selbstzweifel mehr**, selbstsicheres Eintreten für ihre Ansichten
- **Mias Standhaftigkeit:** kein falsches Geständnis, Ertragen von Folter, Bereitschaft zum Tod → **Verlust ihrer Stärke** durch überraschende Begnadigung und **Entmündigung**

Soziologische Lesart

- staatlich regulierte Zuordnung der Partner nach Immunsystemen (zum Erhalt gesunder DNA) → massive **Einschränkung der freien Partnerwahl**, Ähnlichkeit zur **NS-Rassenhygiene**
- gesellschaftlicher Umgang mit Krankheit in der METHODE: Krankheit als historisches Phänomen und unzulässige Abweichung → **Verklärung der Gesundheit** zum Religionsersatz, zur Staatsideologie, zum sichtbar gewordenen Willen und zur Bereitschaft zur Höchstleistung
- **Unmenschlichkeit** der rein auf Vernunft fixierten METHODE → Ignorieren von Gefühlen, von Liebe, von Affekten und von individuellen Eigenschaften
- Kritik am Staat: Vorschieben von Sicherheitsbedenken zur **Beschneidung der Freiheitsrechte der Bürger** → in Wahrheit: Streben nach mehr Kontrolle und Überwachung
- Kritik an den Bürgern: **allzu großer Gehorsam** gegenüber dem Staat, gutgläubige **Preisgabe von persönlichen Daten** → mehr Engagement, Sensibilität und Zivilcourage nötig
- **Rolle der Medien** in der METHODE: Staatspropaganda → **keine Meinungspluralität**
- Kramers **Populismus**, **Demagogie** und **Fanatismus** in seiner Rolle als Topjournalist und Chefideologe der METHODE (Kramer als geheimes Staatsoberhaupt? vgl. Kapitel *Zu Ende*)
- Mias Nachbarinnen (außer Driss) als personifiziertes **Mitläufertum**, als Opportunisten

Politische Lesart

- Staatsform in *Corpus Delicti*: Gesundheitsdiktatur → **totalitärer Überwachungsstaat**
- „Übereinstimmung von allgemeinem und persönlichem Wohl" von Kramer als Ziel definiert (S. 87) → **heuchlerische Doktrin**, denn Entscheidung, was „Wohl" ist, fällt die METHODE
- körperliche Gesundheit zum höchsten politischen Wert deklariert (Kramer: „[d]as Störungsfreie, Fehlerlose, Funktionierende", S. 181) → **keine Toleranz** für Schwäche, Fehler, Individualität
- verschiedene Weltbilder – verschiedene politische Auffassungen:
  - historische Legitimierung der METHODE durch Kramer (vgl. S. 88 f.): nach zwei Weltkriegen → **Entideologisierung** → Einsamkeit, Werteverfall → Unsicherheit, Angst: Geburtenrückgang, Krankheiten, Terror → METHODE = **neues Sinnangebot**
  - Moritz' Philosophie der Liebe (vgl. S. 26 f.): Zerstörung des göttlichen Weltbildes durch Naturwissenschaften → Mensch im Zentrum ohne neue Orientierung → **Liebe als Leitbild** und als Sammelbegriff für Freiheit, Naturverbundenheit und Pluralismus
  - Mias Staatsverständnis (vgl. S. 158 ff.): Abgrenzung von sinnlosen Revolutionen, Staat nur auf eine Weise legitimierbar: durch bestmögliche Unterstützung bei „natürliche[m] Streben der Menschen nach Leben und Glück" (S. 161) → ansonsten **Recht auf Widerstand**
- Mobilisierung von **Systemgegnern** durch Mias Fall:
  - radikale R.A.K. („Recht auf Krankheit", vgl. RAF): **Gewalt gegen Unschuldige** → Berufung auf Mia als Symbolfigur, entschiedene Ablehnung dieser Vereinnahmung durch Mia
  - **gewaltlose Proteste** und Demonstrationen der wachsenden Anzahl der Anti-Methodisten
  - **offenes Ende** des Romans: Erfolge der Systemgegner oder endgültiger Sieg der METHODE?

Auf einen Blick

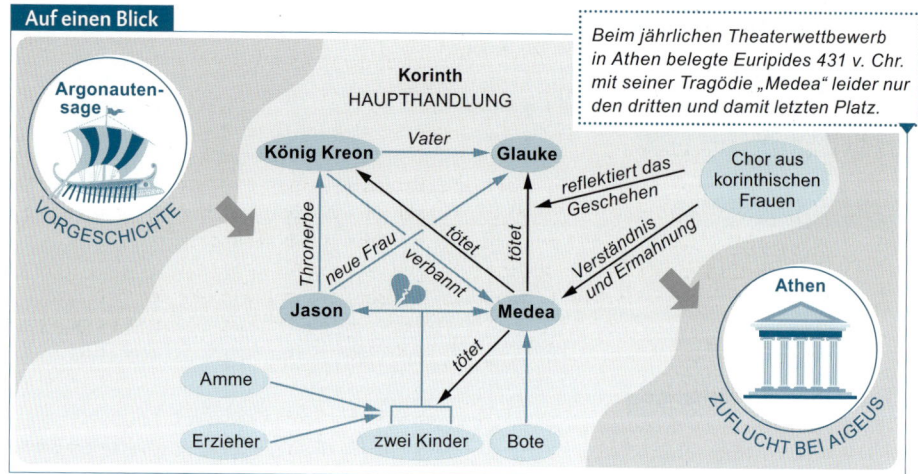

Beim jährlichen Theaterwettbewerb in Athen belegte Euripides 431 v. Chr. mit seiner Tragödie „Medea" leider nur den dritten und damit letzten Platz.

Prolog (V. 1–130)

- Vorhof des Hauses von Medea in Korinth: Klage der Amme über **Iasons Betrug an Medea**
- Erzieher zur Amme: Gerücht, dass König Kreon Medea und die zwei Söhne **verbannen** wolle
- Sorge der Amme um die unschuldigen Kinder wegen **Medeas Wut und Hass** auf diese

Einzug des Chors (V. 131–213)

- Gespräch zwischen Chor und Amme: Trostlosigkeit, **Todessehnsucht** und Zorn Medeas
- Medeas Anrufung an Themis (Göttin der Gerechtigkeit) und Artemis (Beschützerin der Frauen und Kinder); Auftrag des Chores an Amme, Medea für ein Gespräch aus dem Haus zu holen

1. Auftritt (V. 214–409)

- vor Chor: Medeas Klage über **gesellschaftliche Stellung der Frau** und über ihre **Einsamkeit als betrogene Fremde** in Korinth → bereit zur **Rache an Iason**, Einverständnis des Chores
- Kreon (König von Korinth) erscheint: sofortige Verbannung Medeas und ihrer Söhne aus Furcht vor ihrer Rache; Medeas Beteuerung, dass von ihr keine Gefahr ausgehe → kein Einlenken Kreons; Medeas Flehen um **Aufschub der Verbannung** um einen Tag → Einwilligung Kreons
- vor Chor: Medeas Geständnis, leichtgläubigen Kreon belogen zu haben: Sie wolle **Kreon**, **Iason** und **Glauke** (Tochter Kreons, Iasons neue Frau; im Drama ohne Namen!) mit Gift **töten**

1. Chorlied (V. 410–445)

- Ankündigung: Frauenehre wird wiederhergestellt, Klage über fehlenden Anstand der Männer

2. Auftritt (V. 446–626)

- Iason: Medea sei wegen ihrer Drohungen selbst schuld an ihrer Lage; bietet **Unterstützung für Verbannung** an → Medea zählt ihre Taten für Iason beim Erringen des Goldenen Vlieses auf
- Iason: Ehe-Aus nicht wegen Hass auf Medea oder Liebe zu Glauke → durch Vermehrung seines Ansehens auch **Nutzen für Medeas Söhne** → Medea lehnt Iasons Hilfsangebot ab

2. Chorlied (V. 627– 662)

- zerstörerisches Potenzial von übermäßiger Liebe, Lob der vernünftigen Liebe, Verlust der Heimat als schlimmster Schicksalsschlag überhaupt

3. Auftritt (V. 663 – 823)

- **Aigeus** (König von Athen) auf Durchreise nach Besuch bei Orakel von Delphi: **Klage über seine Kinderlosigkeit** und Empörung über Iasons Ehebruch → **Medeas Versprechen**, ihm Kinder zu gebären, falls Aigeus sie nach ihrer Flucht bei sich in Athen aufnimmt und ihr Schutz bietet
- Aigeus: Besiegeln dieser Abmachung durch heiligen Eid, dann Abreise
- **Medeas Racheplan:** Sie täuscht Zustimmung für Iason vor und lässt ihre Kinder vor Glauke vermeintlich um Aufhebung der Verbannung bitten → eigentliches Ziel: Glauke mit vergiftetem Kleid bzw. Haarkranz töten, dann ihre eigenen Kinder töten → **maximaler Schmerz für Iason**

3. Chorlied (V. 824 – 865)

- Lob des Landes Attika; dann eindringliche Bitte an Medea, die eigenen Kinder nicht zu ermorden

4. Auftritt (V. 866 – 975)

- Medea vor Iason: **Bitte um Verzeihung**, Lob für sein kluges Vorgehen, Tadel für ihre eigene Unvernunft, Sorge um die Zukunft der Kinder → **Bleiberecht für Kinder erbeten**
- **Iasons Zustimmung** → begleitet Kinder mit Geschenken zu Glauke, um Wunsch vorzutragen

4. Chorlied (V. 976 –1001)

- Unausweichlichkeit des Todes für Glauke und die beiden Kinder; Mitgefühl für Medeas Schmerz

5. Auftritt (V. 1002 –1250)

- Meldung des Erziehers an Medea: **Bitte** der Kinder um Gnade **erfolgreich** → aus Mitleid: kurzes Schwanken und Zögern Medeas, doch Festhalten an geplanter Ermordung der Söhne
- vor Medea: Botenbericht über den **Gifttod** von Glauke (Haarkranz entfacht Feuer, Kleid verbrennt Fleisch) und des herbeieilenden Kreon (bleibt an Glaukes Körper haften) → Medeas Bekräftigung, ihre Söhne mit dem Schwert zu töten und aus dem Land zu fliehen

5. Chorlied (V. 1251–1292a)

- Aufruf an Götter, Kinderermordung zu verhindern; vergebliche **Hilferufe der beiden Kinder**

Auszug des Chors (V. 1293 –1419)

- Iason vor Medeas Haus, um seine Kinder zu schützen → Chor meldet ihm **Tod der Kinder**
- Medea auf fliegendem Wagen in der Luft (Leichen der Söhne auf dem Wagen) → von Iason als Barbarin und Löwin verflucht
- Medeas Rechtfertigung: Iasons Schmerz über tote Kinder gleiche ihrem Schmerz über seinen Ehebruch, gegenseitige Schuldzuweisungen
- Medea lehnt Iasons **Bitte um Herausgabe der Kinderleichen** ab: Bestattung der Kinder durch sie selbst an einem geschützten Ort, dann ihre **Weiterreise zu Aigeus** nach Athen
- Iasons Trauer und Klage wird von Medea als heuchlerisch verurteilt

Auf einen Blick

Antike Mythen interessieren niemanden mehr? Keineswegs! 2016 wurde Euripides' „Medea" vom ORF zum Hörspiel des Jahres gewählt.

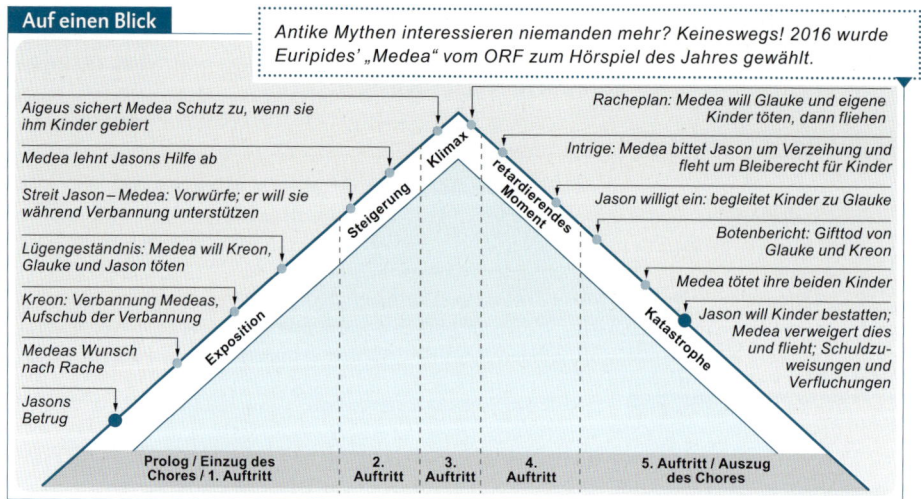

Aigeus sichert Medea Schutz zu, wenn sie ihm Kinder gebiert

Medea lehnt Jasons Hilfe ab

Streit Jason – Medea: Vorwürfe; er will sie während Verbannung unterstützen

Lügengeständnis: Medea will Kreon, Glauke und Jason töten

Kreon: Verbannung Medeas, Aufschub der Verbannung

Medeas Wunsch nach Rache

Jasons Betrug

Racheplan: Medea will Glauke und eigene Kinder töten, dann fliehen

Intrige: Medea bittet Jason um Verzeihung und fleht um Bleiberecht für Kinder

Jason willigt ein: begleitet Kinder zu Glauke

Botenbericht: Gifttod von Glauke und Kreon

Medea tötet ihre beiden Kinder

Jason will Kinder bestatten; Medea verweigert dies und flieht; Schuldzuweisungen und Verfluchungen

Klimax · Steigerung · retardierendes Moment · Exposition · Katastrophe

Prolog / Einzug des Chores / 1. Auftritt | 2. Auftritt | 3. Auftritt | 4. Auftritt | 5. Auftritt / Auszug des Chores

Kontext: Argonautensage

- ca. 1400 v. Chr.: Iasons rechtmäßige Forderung an seinen Onkel Pelias nach **Königsthron von Iolkos** (im griech. Thessalien)
- **Gegenforderung** des Pelias: Iason solle ihm **Goldenes Vlies aus Königreich Kolchis** (am Schwarzen Meer) bringen → unlösbare Aufgabe für Iason, Pelias' Hoffnung auf Iasons Tod
- Sammeln von über 50 griech. Helden (u. a. Herakles und Orpheus), Erbauen des Schiffes Argo („Argo-nauten") → **zweijährige Schifffahrt voller Abenteuer und Gefahren** bis zur Ankunft in Kolchis
- Kolcher-König Aietes fordert **Bewältigung von Aufgaben** als Bedingung zur Herausgabe des Goldenen Vlieses: mit feuerschnaubenden Stieren Acker pflügen; Krieger besiegen, die aus Drachenzähnen wachsen → Aietes' Hoffnung, dass Iason dabei umkommt
- Erfolge durch Hilfe der in Iason verliebten **Königstochter Medea**
- gegen Aietes' Widerstand: mit Medeas Hilfe **erlangt Iason Goldenes Vlies** (sie tötet Drachen) → Medeas Bruder Apsyrtos getötet; **Flucht der Argonauten mit Medea** über das Meer
- **Pelias' Weigerung,** Thron zu übergeben: von Medea ermordet; Pelias' Sohn als neuer König
- **Flucht von Iason und Medea ins Exil nach Korinth:** gemeinsame Kinder; nach Jahren verlässt Iason Medea für korinthische Königstochter → Startpunkt von Euripides' Drama

Aufbau und Form

- **griechische Tragödie** *Medea* des Euripides (480 – 406 v. Chr.) uraufgeführt **431 v. Chr.**
- **Aufbau der Tragödie:**
  - **Prolog:** statische Eröffnung des Stückes als **Einführung in Handlung** → *Medea* beginnt mit langem Monolog der Amme
  - **Einzug des Chores** (auch Parodos): **Chor aus korinthischen Frauen**, die mit handelnden Figuren sprechen können (vgl. z. B. Anweisung an Amme, V. 180 ff.)
  - **Auftritt 1 – 5** (auch Epeisodion): eigentliche **Handlung** → Ort für Dialoge und Monologe; Medea in jedem Auftritt präsent → Betonung ihrer Fähigkeit, Männer (Kreon, Iason, Aigeus) für ihre Ziele zu manipulieren

- **Chorlied 1–5** (auch Stasimon): **Kommentierung des Geschehens**, Einordnung der Handlung in größere Zusammenhänge, allg. Reflexionen → **dominantes Strukturelement**
- **Auszug des Chores** (Exodos): finale Begegnung Iason–Medea, **Chor beschließt Tragödie**
- geschlossene Form des Dramas → **Einheit von Ort, Zeit und Handlung:**
  - Ort: nur **Vorhof des Hauses von Medea** in Korinth (Handlung im Inneren des Hauses und in Glaukes Haus nicht gezeigt) → Aufführungspraxis der Antike: technisch nur ein Bühnenbild möglich → deshalb z. B. Vielzahl von Botenberichten = **verdeckte Handlung**
  - Zeit: ca. **ein ganzer Tag**
  - Handlung: alles auf **Geschehen um Medea** ausgerichtet, keine überflüssige Nebenhandlung
- **Rolle des Chores:** Mitspieler und Kommentatoren → **viel Verständnis für Medea**, ihren Schmerz und ihre Rachegelüste → jedoch Ablehnung des Kindsmords
- keine direkten, sondern nur **indirekte Regieanweisungen** des Autors, die der Haupttext fordert (z. B. Medea ergreift Kreons Hände, V. 339; Kinder umarmen Iason, V. 894 ff.)
- **„Deus ex machina":**
  - klassische Def.: plötzliches Auftreten einer Gottheit mithilfe einer **Bühnenmaschine**
  - allgemeinere Def.: plötzliche **Lösung eines Konflikts** durch von außen kommende Macht
  - Sonnengott Helios schenkt seiner Enkelin Medea fliegenden **Wagen als Fluchtmöglichkeit** → Wie hätte Medea ansonsten fliehen und Leichen mitnehmen können? zusätzlich: erhobene göttliche Position Medeas als **Machtdemonstration gegenüber Iason**

Sprache und Stil

- **Elemente der dramatischen Sprache:**
  - **Dialoge:** längere Redepassagen → Austausch von **Argumenten**; aber auch schnelle Wechselrede (Stichomythie) → **emotionaler Streit**
  - **Monologe:** Einzelrede einer Figur, die an keinen Adressaten auf der Bühne gerichtet ist → Figur gibt **Einblick in ihr Inneres**
  - **Botenberichte:** Bericht über zurückliegendes, nicht-gezeigtes Geschehen → vgl. **episches Ausmaß** des Botenberichts über Tod von Glauke und Kreon (V. 1136–1230)
  - **Chorlieder** und Sonderformen davon: **Wechselgesang** zwischen Chor und Schauspielern (Amoibaion) → emotionale Wirkung; **kurze Kommentare** des Chores (während Dialog oder Monolog anderer Figuren) → Moment der Reflexion
- **Sprech- und Ausdrucksweise, Wortwahl und Syntax:** Dramentext als deutsche Übersetzung → ursprünglich in Altgriechisch und **in Versen verfasst** (Versmaße: jambisch, anapästisch, freie Rhythmen) → keine Alltagssprache, sondern **Kunstsprache** (rhetorisch hoher Stil) → hat Einfluss auf Wortstellung, Wortwahl und Ausdrucksweise:
  - viele **Epitheta** (Attribute): Adjektive, Partizipien, Beinamen, Appositionen
  - ungewöhnliche **Satzstellung:** Inversionen, Parenthesen, Hyperbata
  - abgelegene **Fachbegriffe und Namen** aus antiker Mythenwelt und Geographie
  - **Ausrufe** und **Interjektionen**

Literarische Form

- **griechische Tragödie** („Bocksgesang"): ursprünglich aufgeführt zu Ehren des Gottes Dionysos
  - **Konflikt** gegensätzlicher Werthaltungen und Kräfte, unvermeidbare **Katastrophe**
  - **schuldig gewordener Held** aufgrund von Leichtsinn, Hybris o. Ä. → Medeas Maßlosigkeit
  - **Katharsis** als Zweck: seelische und emotionale Reinigung durch Anteilnahme an Handlung

Auf einen Blick

Psychologisch
- Psychologisierung der mythischen Handlung
- Medeas Entwicklung vom Opfer zur Täterin
- Jasons Pragmatismus und Egoismus

Soziologisch
- Medea als fremde Frau im patriarchalischen Korinth
- Medeas Rebellion gegen die ihr zugedachte Rolle

In der Psychoanalyse gibt es den sogenannten Medea-Komplex:
Damit wird eine Haltung von Müttern gegenüber ihren Kindern beschrieben, die von destruktiver Impulsivität geprägt ist.

Mythologisch
- Existenz von Göttern
- kein Eingreifen der Götter
- individuelle Verantwortung jedes Einzelnen

Philosophisch
- Macht der Triebe und der Vernunft
- Gefahr durch leidenschaftliche Liebe
- „dunkle" Seiten des Menschen

keine Allgemeingültigkeit nur eines Deutungsansatzes, sondern immer Zusammenspiel mehrerer Lesarten

Psychologische Lesart

- **Medea – vom Opfer zur Täterin:**
  - als Ehefrau von ihrem Mann Iason, den sie leidenschaftlich liebt, **betrogen** und **erniedrigt**
  - als Mutter zweier kleiner Kinder **alleine gelassen** und **verstoßen**
  - Reaktion: **Schmerz**, Trauer und unbändige **Wut**
  - Angst vor Gespött, Verlangen nach **Wiederherstellung der Ehre** und Streben nach **Ruhm**
  - besitzt **rhetorische Fähigkeiten**, Fertigkeiten als **Zauberin** und gute **Menschenkenntnis** → macht sich Schwächen der Menschen gezielt zunutze
  - **Täuschung**, **List** und **Mord** als ihre Mittel zum Ziel → **Selbstjustiz**
  - Verlangen nach **Rache** und **Gerechtigkeit**: Töten mehrerer Menschen → Frage nach Verhältnismäßigkeit ihrer Reaktion
  - → **Psychologisierung des Mythos**
- **Kreon – leichtgläubiger König:**
  - verlockende **Aussicht auf berühmten Schwiegersohn** Iason und auf Fortleben seines Herrschergeschlechts durch zu erwartende Enkel → **Stabilisation der Herrschaft**
  - **Medea als Hindernis:** Angst vor ihren Drohungen und ihrer Zauberkraft → Verbannung
  - ABER Leichtgläubigkeit bzgl. Medeas Bitte um Aufschub der Verbannung
- **Iason – vom Betrug zum Verlust der Kinder:**
  - aus **Machtkalkül** und **Überdruss** begeht er Ehebruch und strebt Heirat mit Königstochter an
  - argumentiert **pragmatisch** und **egoistisch**: Steigerung des Ansehens für ihn (und seine Söhne mit Medea) durch Heirat in korinthisches Königshaus → **Kompensation** für Verlust des Thrones in Iolkos
  - **kein Widerstand** gegen Verbannung Medeas und der eigenen Kinder → erst auf Medeas **Schmeicheleien** hin begleitet er die Kinder zu Glauke
- **Glauke – namenlose Königstochter:**
  - namenlos, **kein Auftritt im Drama** (nur in verdeckter Handlung) → Hinweis auf ihre Unwichtigkeit, erfüllt die von ihr erwartete Rolle als Frau → **Kontrast zu schillernder Medea**
  - scheinbar **keine Skrupel** vor Ehebruch des Iason, wütendes Ablehnen von Medeas Kindern, beim Anblick der Geschenke aber sofort kompromissbereit → **Eitelkeit, Verführbarkeit**

Philosophische Lesart

- Frage nach **Macht der Triebe und der Vernunft** im Menschen: Nach stereotypem antikem Menschenbild sind Frauen triebgesteuert und unvernünftig, Männer kontrolliert und vernünftig → **keine Affektkontrolle** durch Medea, Ausgeliefertsein gegenüber ihren Emotionen → eigene Kinder fallen ihrer **Rachsucht** zum Opfer: Tod von Unschuldigen
- mögliche **Gefahr durch allzu leidenschaftliche Liebe:** Umschlagen von Medeas bedingungsloser Liebe zu Iason in blindwütigen Hass gegen ihn → Aufruf zu einer stärker vernunftbasierten Liebe
- Medea ist **keine klassische Tragödienheldin:** ringt nicht pathetisch-leidend um Erkenntnis, sondern hat sehr **menschliche Probleme:** Untreue des Ehemanns, fehlende Zukunftsperspektive für sich und ihre Kinder
- kein verklärtes, idealistisches Menschenbild bei Euripides → **dunkle, irrationale Eigenschaften und innere Widersprüche** als Bestandteil des Menschen → Anspruch auf Realismus

Mythologische Lesart

- Frage nach dem **Einfluss der Götter:** Medea als **Enkelin des Gottes Helios**; **Magie** (z. B. von Medea vergiftete Geschenke), **Anrufungen** an Götter und **Weissagung** (z. B. Aigeus beim Orakel von Delphi) – als Attribute einer übernatürlichen Welt – existent und in ihrer Wirkung von Menschen nicht angezweifelt
- ABER: **kein Eingreifen der Götter** in die Handlung, Geschehen nur durch Protagonisten und ihre psychischen Eigenschaften gesteuert → **Betonen der individuellen Verantwortung** des Menschen für sein Tun
- **Ausnahme:** fliegender Helios-Wagen für Medea als rettender „Deus ex machina"

Soziologische Lesart

- **Stellung der Frau** im patriarchalischen Gesellschaftssystem der Antike: ohne Rechte, reduziert auf Rolle der gehorsamen **Ehefrau** und **Mutter**, keine Chancen auf besondere Auszeichnung oder Änderung der Verhältnisse → Frau als „Anhängsel" ihres Mannes, von der schweigsames **Erdulden von Unrecht** und **Erfüllen der Pflichten** erwartet wird
- selbstbewusste Medea von Männern **als Bedrohung angesehen** → als unzivilisierte Barbarin, wilde Löwin, böswillige Wortkünstlerin, gefährliche Zauberin und Giftmischerin **beleidigt, diskriminiert und ausgestoßen**
- Medea – aus Kolchis, zwischen Kaukasus und Schwarzem Meer – als **Fremde in Korinth** bzw. dem griechischen Kulturkreis: **Xenophobie** und **Vorurteile** (Nicht-Griechen fehle es an Kultur, Bildung, Menschlichkeit), **Sendungsbewusstsein** der Griechen → sehen Medea als unterlegen und nicht als Ihresgleichen an
- Medea **als Heimatlose handlungsunfähig:** Verbannung aus Korinth, keine Rückkehr nach Kolchis möglich → erst als **Zuflucht bei König Aigeus** in Athen vereinbart ist, führt sie ihren Racheplan aus
- **Entwicklung Medeas** vom passiven Opfer zur aktiven Täterin: ohnmächtige Trauer und Wut über Ehebruch und Verbannung → Ablegen der Lethargie und Schmieden von Racheplänen → Ausführen der Intrigen und der Morde → Fazit: Medea bricht aus der ihr zugeteilten Rolle aus: Medeas Handeln als **Akt der weiblichen Rebellion**, der Selbstermächtigung und letztlich der Emanzipation interpretierbar

Auf einen Blick

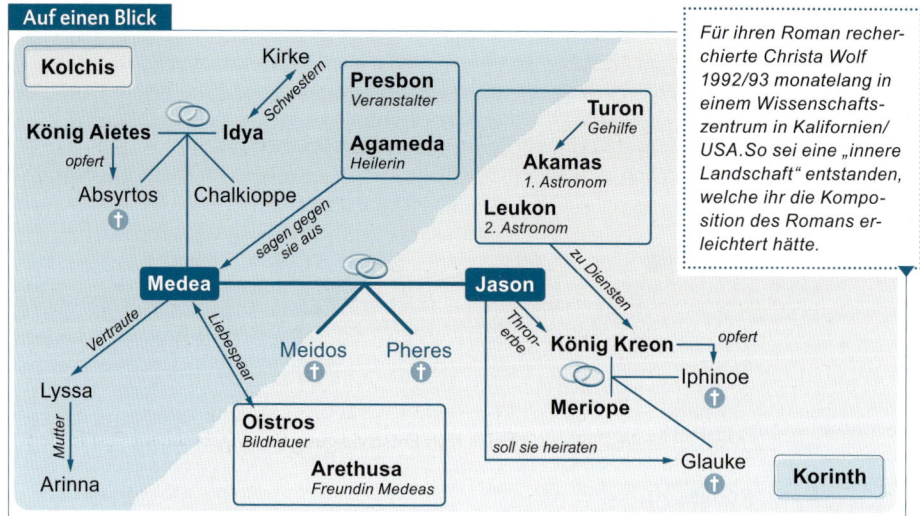

Für ihren Roman recherchierte Christa Wolf 1992/93 monatelang in einem Wissenschaftszentrum in Kalifornien/USA. So sei eine „innere Landschaft" entstanden, welche ihr die Komposition des Romans erleichtert hätte.

1. Medea (S. 13–34)

- erwachende Medea spricht im **Fieberwahn** mit ihrer Mutter; Erinnerung an Kreons Festmahl: Medeas Unterhaltung mit Leukon und Telamon → **Wut des eifersüchtigen, untreuen Jason**
- nach dem Festmahl: Medeas verfolgt die traurige Königin Merope bis in unterirdische Höhle: **Entdecken eines Kinderskeletts** → Verdacht, dass Korinth „auf Unrecht gegründet" sei
- Medeas Haus (Jason lebt im Königspalast): Medea tröstet eifersüchtigen und schwachen Jason
- Flucht aus Kolchis **nicht aus Liebe zu Jason**, sondern aus Unzufriedenheit über König Aietes

2. Jason (S. 35–56)

- durch Vorwurf, Medea habe **Bruder Absyrtos getötet:** Jasons Erinnerungen an Kolchis
- Medea v. a. wegen Heilkunst angesehen in Korinth: ABER ihr **Ruf als Zauberin und Barbarin**
- Verwunderung über Kolcher: Abschottung am Stadtrand von Korinth, fremdartige Lebensweise
- Erinnerung: nach Absyrtos' Tod → Medea will Jason zum Vlies verhelfen, wenn er sie mitnimmt

3. Agameda (S. 57–73)

- Agamedas Genugtuung, dass sie (als Medeas einstige Schülerin) nun die kranke Medea pflegt
- wegen Kränkung → Agamedas Wille: **Medea vernichten**; Affären mit mächtigen Korinthern
- Agameda berichtet Akamas, dass Medea Merope nachspioniert habe → **Verbreiten des Gerüchts** über Medeas Brudermord, um Vorgehen gegen Medea zu begründen

4. Medea (S. 74–87)

- Erinnerung an Absyrtos: Wut auf **Machtfixierung des Aietes** → Plan, Schwester Chalkiope zur Königin zu machen, vereitelt durch Aietes, der Absyrtos für einen Tag zum König macht
- nach Absyrtos' Königstag gemäß altem Ritual: **Opfertod des Absyrtos**; Medeas Schuldgefühle
- **Absyrtos' verstreute Gliedmaßen** von Medea eingesammelt und während der Flucht aus Kolchis im Meer bestattet → die sie verfolgende kolchische Flotte dreht ab
- Bestätigung durch Merope: Skelett ist **tote Königstochter Iphinoe**, die Kreon umbringen ließ

5. Akamas (S. 88–103)

- während Argonautenfahrt: Kreons Plan, Jason aufzunehmen und ihn zum Thronerben zu machen
- Akamas über Medea: gute Gespräche über Astronomie, Politik, Kultur der Korinther: Feindschaft erst, seit Medea um Iphinoe weiß → **Akamas' Loyalität gegenüber Kreon**
- Akamas' Eingeständnis vor Medea: Iphinoe sollte – gemäß dem Willen Meropes und Korinths matriarchalischer Tradition – Königin werden; Ablehnen durch Kreon → **Iphinoe geopfert**; Volk glaubt, dass Iphinoe als Braut von fremdem Herrscher entführt wurde

6. Glauke (S. 104–121)

- durch Gespräche mit Medea und ihre Heilmittel: **Besserung** von Glaukes Erkrankungen → Aufblühen, Lebendigkeit, **Medea als Bezugsperson** und Ersatz für abwesende Merope
- von Medea diagnostiziert: Trauma als Grund für Glaukes Zustand: **Glauke als Zeugin** von Iphinoes Verhaftung → verdrängte Gewissheit des Todes von Iphinoe
- Glauke durch Kreon und Turon überzeugt von Medeas Bösartigkeit; Vorfreude auf Ehe mit Jason; **Hass auf Medea**, deren Kopf der Pöbel nun als Entschädigung für ausgebrochene Pest fordert

7. Leukon (S. 122–138)

- Leukons Gespräch mit Medea: **Unverständnis über ihre Sorglosigkeit**; nach Iphinoes Tod: sein Rückzug aus Politik, Fokus auf Astronomie und Freundeskreis um Oistros, Arethusa, Medea
- Leukons Wut, da Medea von Pöbel durch Korinth getrieben wurde → Gewissheit: Akamas hat Leute für Verfolgung bezahlt; dann Erdbeben und Ausbruch der Pest → **Medea = Sündenbock**

8. Medea (S. 139–158)

- Medea während ihres Prozesses in **Gefängniskammer**: Erinnerung an Besuch auf korinthischem Frühlingsfest: Entladung der Anspannung durch Opferung eines flüchtigen Gefangenen
- danach Medeas Teilnahme an kolchischem Fest; Kastration Turons durch Kolcherinnen, Verarztung Turons durch Medea → **Medea als Verantwortliche für Angriff auf Turon** verhaftet

9. Jason (S. 159–165)

- **Jasons Überzeugung**, alles richtig gemacht zu haben; vor Gericht: intrigante Zeugenaussagen von Agameda und Presbon; Jasons Scham, von Oistros als Medeas Geliebtem zu erfahren
- Begegnung mit Medea vor ihrer Verbannung (ohne Kinder): sie solle ihre Schuld eingestehen; Medea verflucht Jason und bedauert ihn; **Wut des Jason**: vergewaltigt Medea

10. Leukon (S. 166–174)

- Leukons Resignation nach Arethusas Tod und **Medeas Verbannung**, Verständnis für Korinther
- **Glaukes Suizid**: Gerücht durch Akamas, Medea habe Glauke vergiftet; Fahndung nach Medea
- Leukon von Aufruhr aus Gedanken gerissen: Nachricht, man habe **Medeas Kinder gesteinigt**

11. Medea (S. 175–176)

- Jahre später erfährt Medea vom Tod ihrer beiden Kinder (Leben mit Kolcherinnen in der Wildnis) → Gerücht in Korinth: **Medea habe ihre Kinder umgebracht**, um Rache an untreuem Jason zu üben

Auf einen Blick

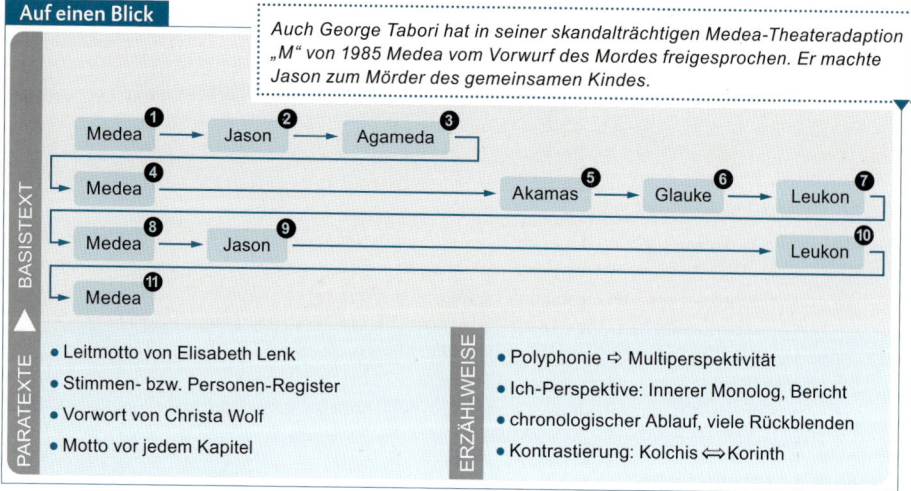

Auch George Tabori hat in seiner skandalträchtigen Medea-Theateradaption „M" von 1985 Medea vom Vorwurf des Mordes freigesprochen. Er machte Jason zum Mörder des gemeinsamen Kindes.

BASISTEXT

Medea ❶ → Jason ❷ → Agameda ❸
Medea ❹ → Akamas ❺ → Glauke ❻ → Leukon ❼
Medea ❽ → Jason ❾ → Leukon ❿
Medea ⓫

PARATEXTE
- Leitmotto von Elisabeth Lenk
- Stimmen- bzw. Personen-Register
- Vorwort von Christa Wolf
- Motto vor jedem Kapitel

ERZÄHLWEISE
- Polyphonie ⇨ Multiperspektivität
- Ich-Perspektive: Innerer Monolog, Bericht
- chronologischer Ablauf, viele Rückblenden
- Kontrastierung: Kolchis ⬌ Korinth

Aufbau und Struktur

- Christa Wolfs (1929–2011) Roman *Medea. Stimmen* **1996** erschienen
- Einteilung in **Paratexte** (Leitmotto, Vorwort, Kapitelmottos) und **Basistext** (elf Kapitel)
- **Leitmotto** (von Elisabeth Lenk): wegen **„Ineinander der Epochen"** ist Dialog zwischen Menschen aus verschiedenen Zeiten möglich
- **Vorwort** (von Christa Wolf): Annäherung an Medea, Eingeständnis der eigenen **Voreinge-nommenheit**
- jedes Kapitel mit Motto: Zitate antiker (z. B. Platon) oder zeitgenössischer Autoren/Intellektuel-ler (z. B. René Girard) → Verweise auf **Aktualität** des Medea-Stoffes, auf **Charakter der Stim-me** bzw. auf **Thema des Kapitels** → Einordnung Wolfs in Tradition der Medea-Rezeption; Dialog zwischen Mythos und Moderne
- **Aufteilung der Stimmen:**
  – Abfolge nach Herkunft: Medea – zwei Kolcher – Medea – drei Korinther – Medea – Kolcher – Korinther – Medea → jede **Nationalität** und Medea als **Grenzgängerin** kommen zu Wort
  – drei männliche und drei weibliche Stimmen → **Geschlechter gleichgestellt**
  – 2-mal Jason, 2-mal Leukon, andere je 1-mal; 4-mal Medea → **Fokus auf Haupthandlung**
  – unterschiedliche Haltung gegenüber Medea: Freund (Leukon), Feinde (Akamas, Agameda), schwankend (Jason, Glauke) → **verschiedene Meinungen zu Medea** wiedergegeben

Erzählweise

- alle Kapitel aus **Ich-Perspektive:** Mischung aus **innerem Monolog** (teils Bewusstseinsstrom) und **Bericht** aus der Erinnerung → Selbstdarstellung, Einschätzung der Ereignisse, Einblick in Pläne → **subjektive Wahrheit** jedes Einzelnen, ABER: Medeas Sichtweise erweist sich im Nachhinein oft als richtig
- Art der Monologe: reiner Monolog (Glauke); Ansprache an lebende, nicht anwesende Person (Medea an ihre Mutter); innere Zwiesprache mit Totem (Medea an ihren Bruder); Hinwendung zu Leser (Agameda, Akamas) → **Statik des** über Jahrtausende zementierten **Medea-Bildes aufgebrochen** durch lebendigen Redefluss

- durch **Polyphonie, Multiperspektivität** und **Montagetechnik** (mehrere Monologe, ohne übergeordnete Erzählinstanz) → Annäherung an objektive Wahrheit, schärferes Hervortreten von Medeas Charakter
- **Raumgestaltung:** Haupthandlung in **Korinth**, viele Erinnerung und Rückblicke an Vorgeschichte in **Kolchis** → Vergleiche zwischen beiden Orten
- **Zeitgestaltung: chronologischer Ablauf** der Haupthandlung, ABER: **Vielzahl an Rückblenden**, die unterschiedlich weit in Vergangenheit zurückreichen → Übersicht über Zeitablauf der Handlung nur mit Vorkenntnissen möglich:
  – **Vorgeschichte:** von 10 – 12 Jahre vor Haupthandlung (Argonauten in Kolchis und Ankunft Jasons mit schwangerer Medea, die sich erst während langer Schifffahrt in Jason verliebt hat, in Korinth) bis 1 Tag vor Haupthandlung (Kreons Fest)
  – **Haupthandlung:** mehrere Wochen (von Gerücht des Brudermordes bis hin zu Medeas Verhaftung und Prozess)
  – **Nachgeschichte:** Tag der Vertreibung Medeas (Glaukes Suizid), wenige Wochen später (Steinigung von Medeas Kindern), ca. 8 Jahre später (verbannte Medea über diese Ereignisse und ihre Diffamierung benachrichtigt)

Sprache und Stil

- **Symbole, Metaphern und Leitmotive** zur Vertiefung der Aussagen: z. B. Bäume (Fruchtbarkeit, Beständigkeit), Brunnen (Leben, Läuterung), Goldenes Vlies (Stärke, Reichtum), Haare (Wachstum, Lebenskraft, Emotion), Hände (Nähe, Heilkraft, Macht), weißes Gewand (Reinheit, Unschuld)
- keine grundsätzlichen Unterschiede in der Sprache zwischen kolchischen und korinthischen Stimmen, ABER Auffälligkeiten in **Sprechweise** und **Tonfall** → Charakterisierung der jeweiligen Stimme, **Sprache als Abbild der Persönlichkeit:**
  – **Medea:** exakte Ausdrucksweise in kurzen Sätzen; teils auch assoziative Gedankenreihung → **ruhiger und analytischer Blick**
  – **Jason:** umgangssprachliche, einfache Ausdrucksweise; schlicht, **knapp und pragmatisch**
  – **Leukon:** rhetorisch geschulte Sprache; häufig gewollt uneindeutig und **vorsichtig** (aus Angst oder Rücksichtnahme); sehr assoziativ und **philosophisch**
  – **Akamas:** eloquent und diplomatisch; suggestiv und manipulativ; beleidigend und charmant → beherrscht **alle Sprachregister**
  – **Glauke:** ängstlich, fragend und revidierend → **Unsicherheit** spiegelt sich in teilweise extrem langen Sätzen wieder
  – **Agameda:** klar und sicher; direkt und eindeutig → schlagfertig und ich-bezogen

Literarische Form

- **Anleihen beim klassischen Drama: Monolog** als konstitutive Darbietungsform der Figuren- bzw. Gedankenrede; **Register** zu Beginn („Die Stimmen", „Andere Personen") gleich dem Personenregister eines Dramas
- **moderner Roman:** Geschlossenheit des Werkes; Fiktionalität des Textes; Montage, Polyphonie und Multiperspektivität als typische **Elemente modernen Erzählens**; Haupthandlung (Medea) und Nebenhandlungen (z. B. Leukon und Arethusa); Entwicklung von Figuren innerhalb einer Gesellschaft aufgezeigt

Auf einen Blick

Politisch
- Patriarchat vs. Matriarchat
- Lügen als Herrschaftsmittel des Staates
- Verblendung durch Macht- und Prunkfixierung

Soziologisch
- Umgang mit Fremdheit
- Medea als Grenzfigur
- Sündenbock-Theorie

Kritiker deuteten den Roman anfangs als rein autobiografisch und setzten Medea mit Christa Wolf gleich, die sich mit dem Buch angeblich von ihrer Mitarbeit bei der Stasi distanzieren wollte.

Mythenkritisch
- Kindsmord als Erfindung des Euripides
- Wolfs Rückkehr zum Ursprungsmythos
- Medea ≠ Mörderin

Feministisch
- Hass von Männern auf Frauen
- Männer verantwortlich für Medeas Untergang und ihren Ruf als Kindsmörderin
- Gleichstellung von Mann und Frau

keine Allgemeingültigkeit nur eines Deutungsansatzes, sondern immer Zusammenspiel mehrerer Lesarten

Mythenkritische Lesart

- prähistorische Überlieferungen des Mythos (14. Jh. v. Chr.): Medea ist keine Kindsmörderin → **Kindsmord = Erfindung des Euripides** (5. Jh. v. Chr.) → Medea über Jahrtausende bis heute als Mörderin tief **in kulturellem Gedächtnis verankert**
- Wolfs Zweifel aufgrund der **Hochachtung von Frauen in uralten Kulturen** (wegen Fähigkeit, Kinder zu gebären und Stamm aufrechtzuerhalten): Wieso sollte die von Göttern abstammende Priesterin und Heilerin Medea („die guten Rat Wissende") die eigenen Kinder umbringen?
- Ch. Wolfs **Rückkehr zum Ursprungsmythos:** Medea nicht verantwortlich für Tod von Absyrtos, von Glauke oder von ihren beiden Kindern → **Anliegen** von Wolf: **Rehabilitation** von Medea; Suche nach Wahrheit als Schreibanlass
- **Wolfs Fragen** (ausgehend von Medeas Unschuld): Wie konnte es soweit kommen, dass Medea als wilde Mörderin gilt? Weshalb gibt es **Menschenopfer** und **Sündenböcke**?
- ABER auch **freier Umgang mit Mythos** → Hinzuerfinden von Figuren (z. B. Leukon, Akamas)
- Wolfs **Frage nach der Menschlichkeit** als Gegenentwurf zu Euripides

Politische Lesart

- **Matriarchat vs. Patriarchat:**
  – mehr Eigenständigkeit und Einfluss der **Frauen in Kolchis** → kein Schutz durch Mann nötig, als Priesterinnen und Astronominnen tätig; aktive Opposition gegen König Aietes
  – **Patriarchat in Korinth:** alle Positionen durch Männer besetzt, Kreons abschätzige Meinung über Frauen und Verhindern ihres Aufstiegs → Töten der Tochter Iphinoe, Kleinhalten der Tochter Glauke, Jason als Thronerbe ausgewählt, Vernichtung Medeas
- **Aberglauben** und **Falschinformationen** als Instrumente der Machtausübung und der Repression → Medeas aufklärerische Absicht (Unrecht um Iphinoe) zunichtegemacht
- **Macht- und Prunkfixierung** der Könige Kreon und Aietes → kein Blick mehr für Nöte ihres Volkes oder ihrer Familie
- in Antike gängige Praxis der **Opferung von Menschen** (analog zu moderner Todesstrafe) ruft Frage nach **Wert des einzelnen Menschenlebens** hervor

- Korinth und Kolchis als **Anspielungen auf BRD und DDR:**
  - Wert eines Menschen in Korinth an Gold, also Leistung gemessen → **Kapitalismus** in BRD
  - Kolchis mit Idealvorstellung, dass Menschen nach charakterlicher Qualität zu beurteilen seien und gleich verteilten Besitz haben sollten → **Utopie des Marxismus** in DDR
  - ABER beide Systeme als Trugschlüsse entlarvt, da nur **Machterhaltung des Systems** im Vordergrund steht → Aushöhlung der Ideale und **Sinnentleerung**

Soziologische Lesart

- **Flucht, Umgang mit Fremdheit und Integration:**
  - mit Medea Flucht vieler Kolcher → große **kolchische Gemeinde in Korinth**
  - Kolcher ghettoartig angesiedelt am Stadtrand: eigene Feste, Kleidung und Bräuche → Korinther halten sich in allen Belangen für fortschrittlicher und menschlicher
  - Kolcher **von Korinthern akzeptiert und teils geschätzt** (z. B. ihre Heilkünste), solange sie nicht Unrecht anprangern (wie Medea) oder Forderungen stellen (wie Agameda, Presbon)
- Medea als Grenzfigur zwischen zwei Welten → **Herausforderung für Korinth:**
  - Medea als ungewöhnlich **selbstbewusste Frau** (mögliches Rollenvorbild für Korintherinnen)
  - **Medeas Einfluss** als eine beim korinthischen Volk beliebte Heilerin
  - **Medea als Gefahr** durch ihren belebenden Einfluss auf eingeschüchterte Glauke und durch Wissen um Iphinoes Opferung
  - Folge: **Verleumdung, Diffamierung und Verjagen von Medea**
- **Sündenbock-Theorie:**
  - **unschuldige Medea verantwortlich gemacht** für Absyrtos' Tod, für Erdbeben und Pest in Korinth, für Turons Entmannung, für Glaukes Tod, für Tod ihrer Kinder
  - Medea als Bauernopfer zur **Wiederherstellung der inneren Einigkeit** der Korinther
  - Zorn auf Medea ging nicht von Volk aus, sondern wurde **gezielt heraufbeschworen** durch Akamas und Kreon → zur **Ablenkung von eigener Schuld**
- **Rückfall** von Kulturen, die sich in Krisen befinden, **in immer gleiche Verhaltensmuster:** Ausgrenzung von Menschen, Bestimmen von Sündenböcken/Feindbildern, Verzerrung der Wahrheit → allmählicher **Verlust der Integrationsfähigkeit** einer Gesellschaft

Feministische Lesart

- **Theorien über Gründe für Unterdrückung von Frauen** durch Patriarchat:
  - insgeheim **Bewunderung und Angst vor dem Weiblichen** und zugleich unbewusster **Hass auf Frauen** (wegen Unfähigkeit der Männer, selbst zu gebären; vgl. Euripides V. 573 ff.)
  - eine durch männliche Bedürfnisse geprägte Kultur benötige zur Selbstvergewisserung und zum Machterhalt **extreme weibliche Feindbilder** → z. B. Frau als Hexe und Kindsmörderin
  - aufgrund eigener **Minderwertigkeitsgefühle** → Abwertung von als weiblich empfundenen Eigenschaften (z. B. Empathie) durch Männer
- Vertreter des Patriarchats verantwortlich für Verleumdung Medeas, ihren Untergang und ihren Eingang ins kollektive Gedächtnis als Mörderin, weil sie **Machenschaften der männlichen Staatsführung** durchschaut hat
- zugleich: **literarisches Zementieren des überlieferten Medea-Bildes** durch männliche, von patriarchalischen Gesellschaften geprägte Autoren (wie Euripides, Seneca, F. Grillparzer)
- Wolfs Forderung: keinesfalls Rückkehr ins Matriarchat, ABER: **Gleichstellung von Mann und Frau** in allen Lebensbereichen

Auf einen Blick

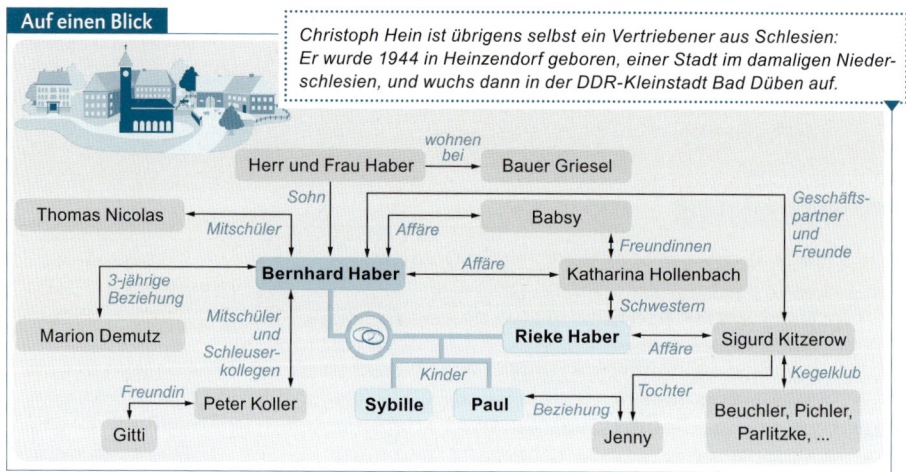

Christoph Hein ist übrigens selbst ein Vertriebener aus Schlesien: Er wurde 1944 in Heinzendorf geboren, einer Stadt im damaligen Niederschlesien, und wuchs dann in der DDR-Kleinstadt Bad Düben auf.

Prolog (S. 7–14)

- 1997: feierliche Eröffnung des **Karnevals** in Guldenberg → vier Männer als Organisatoren des Karnevals und **Machthaber** der Stadt
- kurzes Gespräch des ehemaligen Guldenbergers Thomas Nicolas mit Mann namens Holzwurm

Thomas Nicolas (S. 15 –78)

- 1950: **Bernhard Haber** neu in 3. Klasse: **Vertriebener aus Breslau** → Vertriebene unerwünscht im ostdeutschen Guldenberg; Thomas und Bernhard sind später Banknachbarn
- **Mobbing** durch Schüler und Lehrer → Bernhards verbaler und körperlicher **Widerstand**
- **einarmiger Vater** findet als Tischler keine Arbeit; Unterkunft auf Hof des Bauern Griesel → dann eigene Werkstatt auf dem Bauernhof, **Bernhards Mithilfe**
- **Abbrennen der Werkstatt:** Überzeugung des Vaters, dass es Brandstiftung war; Klagen über **Ausgrenzung** durch Guldenberger; Brandstiftung festgestellt: Vater wird selbst verdächtigt
- neue Werkstatt in alter Matratzenfabrik, 1 Jahr später Umzug der Habers in eigene Wohnung
- Bernhards **Hund Tinz umgebracht** → er droht den Mitschülern mit Mord
- Thomas' Wegzug aus Guldenberg nach Schulzeit: Erinnerung an Gespräch mit Bernhard am Bahnhof, wo dieser Kohle sammelt und nach Essensresten fragt; Bernhards Spitzname: Holzwurm

Marion Demutz (S. 79 –149)

- 57 Jahre alt und krebskrank; drei Jahre **Freundin von Bernhard** (letztes Schuljahr, erste Lehrjahre: sie Friseuse, er Tischler in Spora) → keine Gefühle für ihn, er liebt sie aber
- Vorstellung, wie ihr Leben mit Bernhard verlaufen wäre → Andeutung, dass er jetzt reich ist
- Rückblick: erster Kuss mit Bernhard; sein Wunsch, bei Marion baden zu dürfen
- Bernhards **Freude über Schulabschluss und Ausbildungsplatz** → hat kaum Zeit für Marion
- damals im Zelturlaub: Marion eifersüchtig auf Sylvie, weil diese mit Bernhard über Politik spricht
- Weigerung der damaligen Bauern, ihre Höfe kollektivieren zu lassen; **Bernhard unter den Agitatoren**, die die Bauern bedrängen → **Marion trennt sich** noch am selben Tag von ihm
- Bernhard hat Jahre später **große Werkstatt** und hat Mädchen aus Spora geheiratet

Inhalt

Auf einen Blick

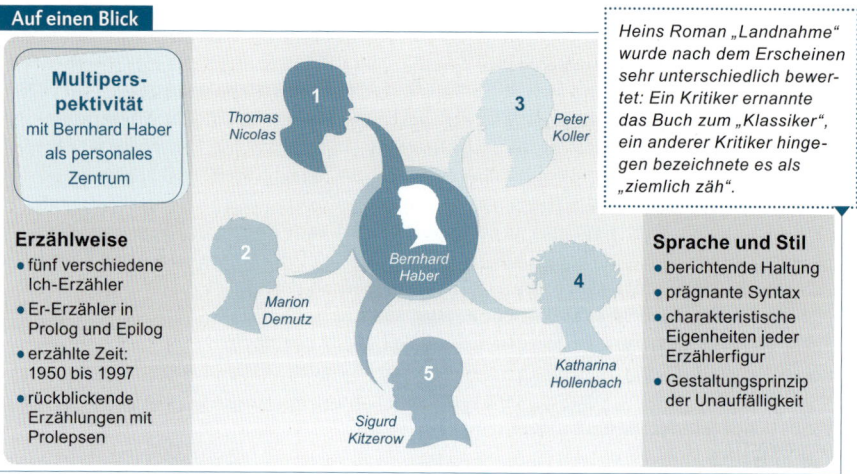

Multipers-pektivität
mit Bernhard Haber als personales Zentrum

Heins Roman „Landnahme" wurde nach dem Erscheinen sehr unterschiedlich bewertet: Ein Kritiker ernannte das Buch zum „Klassiker", ein anderer Kritiker hingegen bezeichnete es als „ziemlich zäh".

Erzählweise
- fünf verschiedene Ich-Erzähler
- Er-Erzähler in Prolog und Epilog
- erzählte Zeit: 1950 bis 1997
- rückblickende Erzählungen mit Prolepsen

Sprache und Stil
- berichtende Haltung
- prägnante Syntax
- charakteristische Eigenheiten jeder Erzählerfigur
- Gestaltungsprinzip der Unauffälligkeit

Aufbau und Struktur

- **Prolog** und **Epilog**: Rahmenkomposition durch aufeinander aufbauende Karneval-Szenen (1997): symbolische Eröffnung und Beschließung des **2004** erschienenen Romans
- **fünf Kapitel = fünf Erzählungen:** chronologisch angeordnet (ABER mit manchen Überschneidungen zwischen den Kapiteln) und jeweils chronologisch erzählt (ABER mit vielen Vorausdeutungen)
- Kapitel nach Figuren benannt, die erzählen, und im Umfang sehr schwankend (zwischen ca. 50 und 150 Seiten)
- Erzähler = unterschiedliche **Wegbegleiter aus Bernhards Leben** → rückblickende Berichte über den jeweiligen Lebensabschnitt mit Bernhard und gleichzeitig über ihr eigenes Leben (biografisch und autobiografisch)
- Abfolge der Kapitel und **Bezug zu Bernhards Leben:**
  - **Thomas Nicolas:** Bernhards Klassenkamerad und Sitznachbar → von Bernhards Ankunft im Jahr 1950 bis ca. 7. Klasse
  - **Marion Demutz:** Bernhards erste Freundin → letztes Schuljahr, erste Lehrjahre (Mitte der 50er-Jahre)
  - **Peter Koller:** Bernhards Schulkamerad und Schmugglerkollege → Bernhards späte Schulzeit (1953), seine Schmugglertätigkeit in den späten 50er-Jahren bis Anfang der 60er-Jahre;
  - **Katharina Hollenbach:** Schwester von Bernhards späterer Ehefrau und kurzzeitige Geliebte → von Bernhards Anstellung als Tischler in Spora (Mitte der 50er-Jahre) bis zu Heirat mit Rieke (Mitte der 60er-Jahre)
  - **Sigurd Kitzerow:** Bernhards Geschäftspartner, Nachbar und Freund → Aufbau der eigenen Tischlerei Anfang der 60er-Jahre bis zur Wahl zum Stadtrat nach der Wende 1990, Wahl zum Präsidenten des Karnevalsvereins 1997

Erzählweise

- **Multiperspektivität** des Romans → verschiedene Blickwinkel auf Bernhard Haber, **persönliche Schicksale** der Erzähler beeinflussen das von Bernhard gezeichnete Bild

- Erzählform:
  - **Ich-Erzählungen** in den fünf Hauptkapiteln → erzeugt Nähe und Direktheit
  - neutraler **Er-Erzähler** (Außensicht) im Prolog und Epilog → geprägt von Distanz und Ironie
  - bemerkenswert: Bernhard Haber als Hauptfigur des Romans kommt nicht als Erzähler zu Wort (außer in den durch andere Erzähler wiedergegebenen Reden) → Bernhard als Hauptfigur wenig greifbar und fremd → **erschwerte Identifikation** des Leser mit Bernhard → Leser dadurch aufgerufen, sich zu bemühen, Bernhards Wesen und seine Motivation zu verstehen
- Bernhard Haber als **personales Zentrum** des Romans: seine Biografie rekonstruierbar und sein Charakter erschließbar durch Zusammensetzen der fünf einzelnen Erzählungen
- ABER: Befunde der fünf Erzählungen ergeben **kein einheitliches Porträt** von Bernhard → in jeder Erzählung spiegelt sich Persönlichkeit des jeweiligen Erzählers wider
- erzählte Zeit: **zwischen 1950 und 1997**
- Erzähltempus: Vergangenheit → Figuren erzählen rückblickend über ihre Zeit mit Bernhard; mit vielen Vorausdeutungen / **Prolepsen**: Verweise auf Bernhards späteren Reichtum und seine Kinder → erzeugt **Spannung** durch die Frage, wie Bernhard es wohl so weit bringen konnte

Sprache und Stil

- zwischen den Erzählern viele **Gemeinsamkeiten in Sprache und Ausdrucksweise:** berichtende und beschreibende Haltung, fehlende Bildhaftigkeit, prägnante Syntax
- ABER auch **sprachliche Eigenheiten und spezifischer Tonfall** bei jedem Erzähler → **Rückschlüsse auf Charakter** der Erzählenden:
  - Thomas Nicolas: präzise Schilderungen; nüchterner Ton; **neutral-distanzierte Sprache**; oft hypotaktischer Satzbau; intelligent und mit Einblick in Geschehnisse in Guldenberg (Vater = Apotheker, Mitglied des Kegelklubs); **zunehmende Sympathie** für Bernhard und Distanz zu Guldenberg
  - Marion Demutz: kurze, parataktische Sätze; besorgter, teils naiver und resignierender Tonfall: Nähe zu Bernhard, aber keine Liebe (nicht ihr Traumprinz); immer ihr **Ansehen bei Mitmenschen** im Blick; aus **Unzufriedenheit** mit ihrem Leben Ärger darüber, Bernhard nicht geheiratet zu haben (da er jetzt so reich sei); auf **materielle Dinge** fixiert
  - Peter Koller: teils floskelhafte und umgangssprachliche Ausdrucksweise; Interesse an praktisch-handwerklichen Dingen, wohlwollend und **loyal zu Bernhard**, lausbubenhaftes und später kriminelles Verhalten, aber nicht so skrupellos wie Bernhard, oft **kein Blick für Zusammenhänge**; **enttäuscht von Bernhard**
  - Katharina Hollenbach: direkte und **freche Wortwahl**; geschwätzig und schlagfertig; Flucht aus bäuerlicher und kleinbürgerlicher Welt; **durchsetzungsstark**, aber teils **verlogen** und intrigant, schwärmerisch beeindruckt von Babsys Lebensstil
  - Sigurd Kitzerow: Unternehmer mit Einfluss in Guldenberg; teils saloppe und **despektierliche Aussagen** über Vertriebene, Schwächere und Frauen; Bewunderung für Bernhards Durchsetzungsvermögen (nennt ihn „Haber"); auf **Vernunft**, Macht und Erfolg fixiert; **vermittelt diplomatisch** zwischen Kegelklub und Bernhard
- Gestaltungsprinzip der Unauffälligkeit: **zurückhaltende Sprache im Kontrast zu unmenschlichen Ereignissen** des Romans: Ermordungen, Brandanschläge, Intrigen, Diskriminierungen usw. → Eindruck, Figuren würden innerlich kaum Anteil am Geschehen nehmen

Auf einen Blick

Soziologisch
- Bernhard als gesellschaftlicher Außenseiter
- erfolgreiche Integration durch vollständige Assimilation?
- Vertrautes vs. Fremdes
- Bernhard als sozialer Aufsteiger

→ keine Allgemeingültigkeit nur eines Deutungsansatzes, sondern immer Zusammenspiel mehrerer Lesarten

Heins Romane spielen sehr oft in der ehemaligen DDR: Im 2018 erschienenen Roman „Verwirrnis" thematisiert Hein die Ausgrenzung eines homosexuellen Paares in der DDR.

Historisch
- Zeitraum: vom Beginn der DDR bis zum wiedervereinigten Deutschland
- Vertriebene nach dem Zweiten Weltkrieg: Maßnahmen zur Integration
- Streiks 1953, Berliner Mauer ab 1961
- Mauerfall 1989, Wiedervereinigung 1990

Psychologisch
- Verlust der Heimat, Suche nach neuem Halt
- keine Anerkennung, sondern Diskriminierung
- Ermordung des Vaters als Trauma
- Kampf um Respekt und Macht

Historische Lesart

- Handlung in *Landnahme* von **1950 bis 1997** = Zeitraum der **DDR** und des **wiedervereinigten Deutschlands** → *Landnahme* als Roman darüber, wie sich die Ereignisse der DDR auf das Leben einzelner Menschen und auf eine gewöhnliche Kleinstadt auswirken:
  - nach Zweitem Weltkrieg und territorialen Neuaufteilungen bzw. Besetzungen **Vertreibung von Deutschen** aus ehemals deutschen Gebieten (in Osteuropa) ins DDR-Gebiet: ca. 25% der DDR-Bevölkerung → **Herausforderung für Staat und Gesellschaft**
  - offizielles **Verbot** des Begriffe „Flüchtling" und „Vertriebener" in DDR, stattdessen Euphemismus **„Umsiedler"** → Unfreiwilligkeit, Leid, Vertreibung, Flucht ausgeblendet
  - durch **Zwangsmaßnahmen** (v. a. 1945–1950) schnelle Integration der Vertriebenen gefördert (Verteilung auf Städte, Zuweisen von Wohnraum/Nahrung, Beschaffung von Arbeit) → **Widerstand** der ansässigen Bevölkerung
  - verschiedene Phasen der DDR: ab 1952 allmähliche **Kollektivierung** der Landwirtschaft, **Aufstände/Streiks** in der DDR 1953 und deren Niederschlagung durch Russland
  - **Bau der Berliner Mauer** und Schließung der Grenzen 1961
  - Guldenberger Kegelklub als **illegaler Unternehmerverband:** geheime wirtschaftliche Absprachen → Unterwanderung der sozialistischen **Planwirtschaft des DDR-Regimes**
  - ab 1972 (unter Erich Honecker) vermehrte **Verstaatlichung** privater mittelständischer Unternehmen
  - Revolution und **Mauerfall** 1989, **Wiedervereinigung** 1990, ab 1990 **Privatisierung** der verstaatlichten Betriebe durch Treuhand
- → Dieses historische Zeitgeschehen spiegelt sich in *Landnahme* wider!

Psychologische Lesart

- für Bernhard emotional höchst problematischer **Verlust der Heimat** im Kindesalter → fehlende Gefühle von Schutz und Geborgenheit
- belastende **Suche nach neuer Heimat** (als äußerer Ort und inneres Gefühl) → keine Zugehörigkeit und Anerkennung in Guldenberg, sondern Ausgrenzung und Diskriminierung

- Folgen für **Bernhards psychische und emotionale Entwicklung:**
  - Sprach- und Lernprobleme, **schweigsam**, langsame Aufnahmefähigkeit
  - introvertiert und unzugänglich gegenüber Gleichaltrigen und Älteren
  - misstrauisch und **impulsiv** → gleichzeitig selbstbewusst und (physisch) **kräftig**
  - Mix aus Verschwiegenheit und Wildheit, niemals Entschuldigung für sein Verhalten → **Eindruck des Unheimlichen und Unnahbaren** (auch beim Leser!)
  - **Bernhards Ziel:** es Guldenbergern beweisen → **Kampf um Anerkennung und Macht**
- Schlüsselereignis: Bernhards Beteiligung an Agitation zur Zwangskollektivierung → keine politische Motivation, sondern er will sich Respekt verschaffen, **Angst erzeugen**
- Bernhards **Entfremdung vom Vater** wegen seiner Agitation für Kollektivierung und seiner Weigerung, die väterliche Werkstatt zu übernehmen → **Eigenständigkeit**
- Ermordung des Vaters als **Trauma und Kränkung:** keine kurzfristige Rache durch Bernhard, sondern Warten auf vermeintlich richtigen Zeitpunkt dafür → **Geduld und Beharrlichkeit**
- Aufnahme in Kegelklub als Höhepunkt → **ökonomische Anerkennung** für Bernhard
- Bernhards Werkstatt mit Geld aus Schmugglertätigkeit finanziert, mögliche Verantwortung für Brand in Werkstatt des Konkurrenten Beuchler → kein Zurückschrecken vor **Gesetzesbruch, Gewalt und Skrupellosigkeit**
- Hauptfigur Bernhard für Leser **fremd und widersprüchlich** → *Landnahme* als Suche der fünf Erzähler nach dem wahren Wesenskern von Bernhard Haber

Soziologische Lesart

- Bernhard seit seiner Ankunft in Guldenberg als **gesellschaftlicher Außenseiter**
- Habers als **Opfer von Diskriminierung, Ausgrenzung, Verbrechen:** z. B. Beleidigungen („Polacken", „Krüppel", „Schmarotzer"); keine Anstellung für Vater als Tischler und wenige Kunden seiner Werkstatt; keine eigene Wohnung zugewiesen; Brandanschlag auf Werkstatt; Ermordung von Bernhards Hund; Ermordung des Vaters
- **„Landnahme"** als Bezeichnung für Inbesitznahme von Land unabhängig von Eigentumsrecht oder Zustimmung → **Guldenberger fühlen sich als Opfer** von Landnahme durch Vertriebene
- in Köpfen der Menschen **Opposition von Heimat** (= Vertrautes) **vs. Fremdes** (= Bedrohung): Furcht der Einheimischen vor Verlust der Heimat durch Überfremdung
- staatlich verordnetes Teilen von Wohnraum und Lebensmitteln mit Vertriebenen → Vertriebene als Schmarotzer und Verbrecher angesehen → **vergiftetes gesellschaftliches Klima**
- Umgang der Guldenberger mit **Fremdheit** → Abgrenzung nach außen: **Integration durch Assimilation** (Anpassung an Gesellschaft, Ablegen alles Fremden) → dann erst Zugehörigkeit und Anerkennung
- innerhalb der Guldenberger Gesellschaft **Abgrenzung nach unten durch Kegelklub** (gegenüber Ärmeren) → Klub-Mitglieder geben sich Privilegien (z. B. keine Aufnahme von Vertriebenen bei ihnen), bilden kartellartiges Machtzentrum → **keine Wut der Bevölkerung auf betrügerische Elite**, aber auf Vertriebene
- **Bernhards Verzicht auf Rache** (nach Info über Mord an Vater): **Integration vollendet** → neue Heimat gefunden; keine Rache, weil er sonst diese Heimat wieder verlieren könnte
- Bernhards Biografie als **Geschichte eines sozialen Aufsteigers:** vom armen verachteten Vertriebenen zum angesehenen und erfolgreichen Guldenberger → Teil der Elite, Mitglied des Kegelklubs, Stadtrat, Präsident des Karnevalsvereins

Auf einen Blick

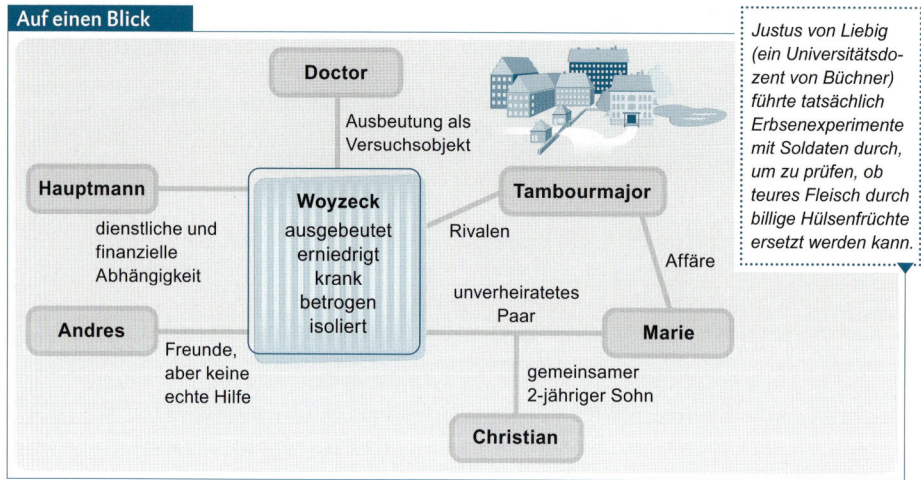

Justus von Liebig (ein Universitätsdozent von Büchner) führte tatsächlich Erbsenexperimente mit Soldaten durch, um zu prüfen, ob teures Fleisch durch billige Hülsenfrüchte ersetzt werden kann.

Woyzeck, Dramenfragment mit 27. Szenen

- **1. Szene, Freies Feld. Die Stadt in der Ferne:** einfache Soldaten Woyzeck und Andres beim Schneiden von Stöcken → Woyzecks **Wahnvorstellung**, dass sie sich an einer Hinrichtungsstätte der Freimaurer befänden und der Boden unter ihnen hohl sei; Wahrnehmung von Stimmen und Zeichen am Himmel
- **2. Szene, In der Stadt:** Tambourmajor mit Militärkapelle an Maries offenem Fenster vorbei: Marie mit ihrem kleinen Jungen auf dem Arm; Streit mit der Nachbarin Margareth wegen eines Flirts mit dem attraktiven Tambourmajor; Besuch von Woyzeck an Maries Fenster: Schilderung seiner Wahnvorstellungen, zunehmende Sorge Maries um Woyzeck
- **3. Szene, Buden. Lichter. Stadt:** Woyzeck und Marie auf dem Jahrmarkt; Vortrag des Ausrufers über Tiere mit magischen Fähigkeiten und über die fließende **Grenze zwischen Mensch und Tier** → Marie im Blickfeld des Tambourmajors, gelangt mithilfe des Unteroffizier zu Tambourmajor in die erste Reihe in der Jahrmarktsbude
- **4. Szene, Maries Kammer:** Selbstbetrachten Maries im Spiegel mit den neuen Ohrringen vom Tambourmajor → Beklagen der Ungleichheit der Menschen, Feststellen ihrer eigenen Schönheit; Eintreten Woyzecks, in dem beim Anblick der Ohrringe ein **Verdacht** aufkommt; Überreichen seines Wochenlohns, Anflug von schlechtem Gewissen bei Marie
- **5. Szene, Zimmer:** Rasieren des Hauptmanns als Woyzecks Nebenverdienst: Woyzeck vom Hauptmann zur Langsamkeit ermahnt; Woyzeck sei laut Hauptmann ein guter Mensch, ihm fehle aber Moral, was sein uneheliches Kind beweise → Woyzecks Rechtfertigung mit der Liebe Gottes für alle Menschen und mit der Unmöglichkeit, als armer Mensch **moralisch** und tugendhaft leben zu können
- **6. Szene, Gasse:** intensiver Flirt und Körperkontakt zwischen Tambourmajor und Marie
- **7. Szene, Gasse:** Konfrontation zwischen Marie und Woyzeck, der die Begegnung zwischen ihr und Tambourmajor beobachtet hat → Maries abwehrende und gleichgültige Reaktion
- **8. Szene, Labor des Doctors:** Ärger des Doctors, dass Woyzeck „an die Wand gepisst" hat, obwohl er im Rahmen einer bezahlten Erbsendiät Urinproben abgeben muss

→ Gedanken des Doctors über die **Dominanz der Willensfreiheit** des Menschen über die tierische Natur; Woyzecks Bericht über die „doppelte Natur" → begeisterter Doctor diagnostiziert eine durch das Experiment versursachte **Psychose**

- **9. Szene, Straße:** Klagen des Hauptmanns über Hektik und über seine **Melancholie** vor dem Doctor, der vernichtendes Urteil über den körperlichen Zustand und über die Lebenserwartung des Hauptmanns fällt; Erscheinen Woyzecks: Anspielungen des Hauptmanns auf die Affäre zwischen Marie und Tambourmajor → Woyzeck davon tief getroffen und verstört

- **10. Szene, Der Hof des Professors:** Woyzeck als **Anschauungsobjekt** in der Vorlesung eines Professors, der aus Erkenntnisinteresse Katze aus Fenster werfen will; Aufruf des Doctors an die Studenten, Woyzeck zu betrachten, der von vierteljähriger Erbsendiät **völlig entkräftet** ist

- **11. Szene, Wachstube:** Lärm von Musik und Tanz in der Nähe der Wachstube der Soldaten → Entschluss des misstrauischen Woyzeck, sich zu Menschenmenge zu begeben

- **12. Szene, Wirtshaus:** Marie und Tambourmajor beim gemeinsamen Tanz heimlich von Woyzeck beobachtet: **Wut** und **Eifersucht**, aber auch **Bewunderung** der Schönheit Maries; pseudophilosophische Predigt eines Handwerksburschen

- **13. Szene, Freies Feld:** Woyzeck vernimmt Stimmen im Boden und im Wind, die ihm befehlen, Marie zu erstechen

- **14. Szene, Zimmer in der Kaserne:** schlafloser Woyzeck weiterhin von Stimmen verfolgt

- **15. Szene, Wirtshaus: Protzerei** des Tambourmajors; Wortgefecht und Kampf zwischen Tambourmajor und Woyzeck → Niederlage Woyzecks, leise **Drohung**

- **16. Szene, Trödlerladen:** Kauf eines Messers durch Woyzeck

- **17. Szene, Maries Kammer:** Marie von **Schuldgefühlen** geplagt, aber außerstande und unwillig, ihr Verhalten zu ändern → Suche nach tröstlichen Geschichten in der Bibel; Klage über Woyzecks Fernbleiben

- **18. Szene, Kaserne:** Woyzeck verschenkt seine Habseligkeiten an Andres, zieht eine ernüchternde Lebensbilanz und ignoriert Andres' medizinischen Ratschlag

- **19. Szene, Vor der Haustür:** Großmutters **Anti-Märchen** über ein armes Waisenkind mit Marie und mehreren Kindern als Zuhörern; Woyzecks barsche Aufforderung an die zögerliche Marie, mit ihm nach draußen zu kommen

- **20. Szene, Freies Feld:** Wunsch der zunehmend verängstigten Marie, nach Hause zu gehen → Woyzeck ersticht Marie und flieht vor herannahenden Menschen in die Nacht

- **21. Szene, Freies Feld:** zwei Passanten als Zeugen des Mordes

- **22. Szene, Wirtshaus:** Unterhaltung des singenden und tanzenden Woyzeck mit Käthe, die aber Blutspuren an ihm entdeckt → Flucht Woyzecks vor misstrauischen Wirtshausgästen

- **23. Szene, Stadt:** Verbreitung der Nachricht unter zwei Kindern, dass die Leiche einer Frau gefunden wurde → Eilen vieler Schaulustiger zum Tatort

- **24. Szene, Freies Feld:** Rückkehr Woyzecks an den Tatort, um die zurückgelassene Tatwaffe zu suchen; spöttische Fragen an Maries Leiche → erneute Flucht vor herannahenden Menschen

- **25. Szene, Teich:** Versenken des Messers im Teich und Abwaschen der Blutflecken

- **26. Szene, Freies Feld:** Begutachtung von Maries Leiche durch eine vierköpfige Mordkommission: Freude über den „schönen" Mord

- **27. Szene, Stadt:** Woyzecks Versuch, seinen Sohn Christian zu liebkosen, der sich aber abwendet → Woyzeck bezahlt den Narren Karl dafür, seinen Sohn mitzunehmen und ihm einen Lebkuchen zu kaufen

Auf einen Blick

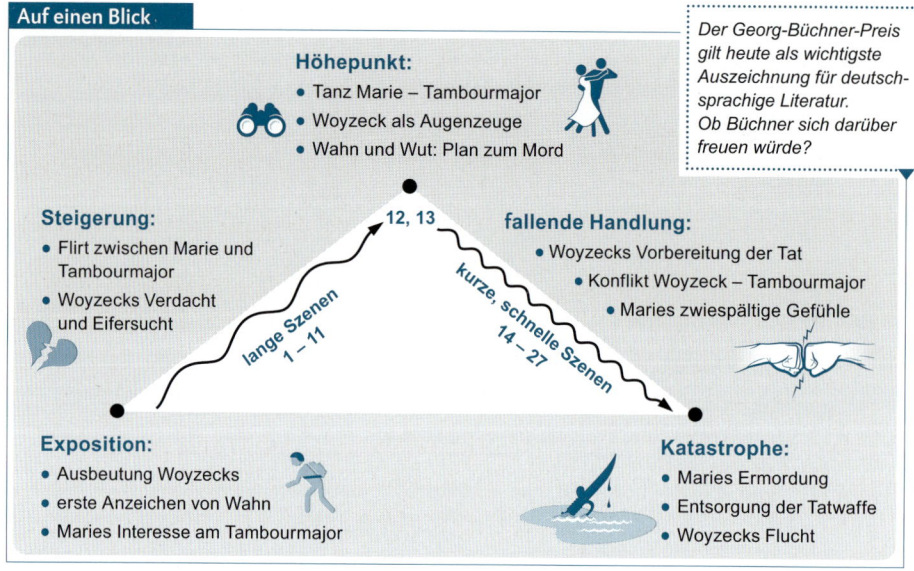

Höhepunkt:
- Tanz Marie – Tambourmajor
- Woyzeck als Augenzeuge
- Wahn und Wut: Plan zum Mord

Der Georg-Büchner-Preis gilt heute als wichtigste Auszeichnung für deutschsprachige Literatur. Ob Büchner sich darüber freuen würde?

Steigerung:
- Flirt zwischen Marie und Tambourmajor
- Woyzecks Verdacht und Eifersucht

12, 13

lange Szenen 1 – 11

kurze, schnelle Szenen 14 – 27

fallende Handlung:
- Woyzecks Vorbereitung der Tat
- Konflikt Woyzeck – Tambourmajor
- Maries zwiespältige Gefühle

Exposition:
- Ausbeutung Woyzecks
- erste Anzeichen von Wahn
- Maries Interesse am Tambourmajor

Katastrophe:
- Maries Ermordung
- Entsorgung der Tatwaffe
- Woyzecks Flucht

Aufbau und Form

- Dramenfragment *Woyzeck* als von Büchner nicht vollendetes Werk: **Szenenfolge nachträglich arrangiert** (anhand verschiedener Handschriften), keine Gliederung in Akte
- **Kürze** der Szenen = komprimierte, skizzenhafte Momentaufnahmen → **Aneinanderreihung** von Bildern
- Szenen werden ab 12. Szene kürzer, als Woyzeck Marie beim Tanzen sieht und Mordplan fasst → Handlung nimmt an **Geschwindigkeit** zu, unvermeidbares Zulaufen auf die Katastrophe
- **Zeitstruktur:** Handlung dauert ca. **48 Stunden** → äußerst gedrängte Zeitstruktur – auch aufgrund der **Simultaneität** einiger Szenen
- **Raumstruktur:** Stadt in Hessen (Dialekt!); Räume als wichtige **Bedeutungsträger:**
  – **Räume der Enge: Maries Kammer** → bedrückende Existenz, nur Kurzbesuche durch Woyzeck; Fenster als willkommene Verbindung zur Außenwelt; **Woyzecks Kaserne** → Halluzinationen, Schlaflosigkeit, Unruhe: notwendige Flucht nach draußen
  – **Räume der Öffentlichkeit:** Jahrmarkt, Gasse, Wirtshaus, freies Feld → für Marie Orte der **Freiheit** und des Vergnügens, aber auch ihres Todes → für Woyzeck Orte der **Demütigung** und **Verlorenheit**
  → Spiegelung der jeweiligen Befindlichkeit der Figur durch Räume (trotz beinahe vollständigem **Fehlen von Regieanweisungen** zum Aussehen der Schauplätze)
- *Woyzeck* galt lange Zeit als **Musterbeispiel eines offenen Dramas:** revolutionäre Aufhebung der Einheit von Ort, Zeit und Handlung (und von Stand und Sprache) → **Gegenargumente:**
  – stimmiges Gesamtgeschehen: Handlung um Woyzecks zunehmende Psychose im Zusammenspiel mit der Affäre zwischen Marie und Tambourmajor als sich **steigerndes Element**
  – **Verklammerung** der Szenen durch Motive (z. B. „Messer" und „schneiden", „heiß" und „kalt", Farben Schwarz und Rot) → bedrohliche **Atmosphäre**, **Vorausdeutung** auf Ende

Sprache und Stil

- Zweiteilung des sprachlichen Codes in *Woyzeck* → **schichtenspezifische Sprache**
- Sprache der **Funktionsträger der gesellschaftlichen Ordnung** (Hauptmann, Doctor):
  - Benennung durch Beruf bzw. Rang: keine echten Figuren, eher **Typen**
  - Sprache als Mittel zur **Ausübung von Herrschaft** und zur Zementierung des Status quo: Lenken des Gesprächs, Erteilen von Befehlen (direktive Sprechakte), **Selbstdarstellung** (Melancholie des Hauptmanns, wissenschaftlicher Ruhm des Doctors)
  - **Hauptmann:** Hochwertbegriffe (z. B. „moralisch") als Worthülsen für eine konfuse Argumentation, die **Gutmütigkeit** vortäuscht, aber Herablassungen und **Schadenfreude** enthält
  - **Doctor:** medizinisch-philosophische Fachbegriffe (im Dienste des vermeintlichen Erkenntnisgewinns) als rhetorischer Deckmantel für **zynische Menschenverachtung** und Degradierung des Menschen zum Versuchs- und Anschauungsobjekt
  - **Vortragscharakter** ihrer Äußerungen → Ungleichgewicht der Sprechanteile
  - → keine kommunikative Hinwendung zu Mitmenschen (nur Er-Anrede an Woyzeck!), **keine Anteilnahme**, Festhalten am **Jargon**
- Sprache der **armen, einfachen Leute** als Opfer der gesellschaftlichen Verhältnisse:
  - Benennung durch echte Namen: Woyzeck, Marie, Andres etc. → Individuen, **Charaktere**
  - Sprache als **Ausdruck ihrer Notlage:** knapp, direkt, umgangssprachlich
  - Ellipsen, Satzabbrüche, Interjektionen → **Authentizität**, **Ehrlichkeit** der Figuren, Ausdruck ihrer **Unbeholfenheit** und Not
  - **Dialoge:** aneinander vorbeireden statt aufeinander eingehen → **sprachliche Isolation**
  - **Woyzeck: biblisch-apokalyptische Wendungen** als Hilfe, um seine psychotischen Erfahrungen mitteilbar zu machen; oftmals grüblerisch-doppeldeutige Sprache → dennoch Fähigkeit zur klaren Formulierung (z. B. zum Verhältnis von Geld und Moral)
  - **Marie: dinghaft-konkrete Sprache** als Mittel, ihre Lage zu beschreiben („ich bin nur ein arm Weibsbild."), ihr Begehren auszudrücken („Rühr mich an!") oder Unangenehmes zu leugnen („Und wenn auch.") → Ausdruck ihrer Sehnsucht nach besserem Leben
  - **Bibelstellen, Volkslieder, Märchen:** da Ausdrucksvermögen der Figuren ungenügend, Rückgriff auf vorgeformte sprachliche Versatzstücke (die als Trost und als Sinnangebote gedacht sind) → in *Woyzeck* Betonung des pessimistischen Weltbildes (z. B. Anti-Märchen der Großmutter) oder Vorausdeutungen auf tragische Ereignisse (z. B. Märchen-Zitate des Narren)
- weitere Figuren: aufdringliche Sprache des **Ausrufers** (auf Sensationsbedürfnis des Publikums gerichtet), derb-anzügliche Sprache des **Tambourmajors** (zur Protzerei und Triebbefriedigung)

Gattungsbestimmung und Epochenzugehörigkeit

- **Tragödie/bürgerliches Trauerspiel:** zwingendes Zulaufen auf die Schlusskatastrophe, ABER: Verstoß gegen alle Standeskriterien, da sog. vierter Stand („Proletariat") im Personal des Dramas
- *Woyzeck* als erstes **„soziales Drama":** Konflikt bedingt durch soziale Umstände (Armut, Ausbeutung, Unterdrückung), Untergang eines chancenlosen „underdog"
- **Vormärz:** Abwenden vom Idealismus der Klassik und Romantik, Hinwenden zur Realität und zur sozialen Ungerechtigkeit (im Naturalismus *Woyzeck* als Vorläufer interpretiert: soziales Elend, Determination; im Expressionismus sensibler und wahnsinniger Woyzeck als Schlüsselfigur)
- **Wegbereiter der Moderne:** Büchners psychologisches Interesse für Elend und Entfremdung, für Krisen der Identität; Innovativität der Sprache und der Dramenkonzeption von *Woyzeck*

Auf einen Blick

Historisch-biografisch
- Debatte um Zurechnungsfähig-keit des historischen Woyzeck
- Büchners Erfahrungen mit Unterdrückung

Philosophisch
- Kritik an lebensferner Moral und am Idealismus
- Determinismus und Materialismus

Psychologisch
- Erniedrigung, Ausbeutung, Überlastung, Isolation
- Woyzecks Krankheit als Folge: Psychose

Soziologisch
- kein gesellschaftlicher Zusammenhalt
- keine Hilfe der Starken für die Schwachen
- soziale Ungerechtigkeit und ihre Folgen

> Eine Kulturzeitschrift be-zeichnete Georg Büchner 2013 – in Abgrenzung vom Dichterfürsten Goethe – als „Dichter-Punk".

→ keine Allgemeingül-tigkeit nur eines Deutungsansatzes, sondern immer Zusammenspiel mehrerer Lesarten

Historisch-biografische Lesart

- **historischer Johann Christian Woyzeck** (gelernter Perückenmacher, dann Soldat und Gelegenheitsarbeiter ohne festen Wohnsitz): Ermordung seiner Geliebten Johanna Christiane Woost 1821, Enthauptung auf Leipziger Marktplatz 1824 → Diskussion über die **Zurechnungsfähigkeit von Mördern**
- Büchners Lektüre der strittigen psychiatrischen Gutachten von Dr. Clarus über Woyzeck → Drama *Woyzeck* als sein Beitrag zur zeitgenössischen Debatte
- Büchners Interesse für politische Verhältnisse und Engagement für gerechtere Gesellschaft: „Friede den Hütten, Krieg den Palästen!" *(Hessischer Landbote)* → historischer Woyzeck als „willkommenes" Beispiel für die Folgen der **Verarmung ganzer Bevölkerungsschichten** im frühen 19. Jahrhundert (sog. vorindustrieller Pauperismus)
- Büchners Erfahrungen in der Restaurationszeit als politisch Unterdrückter und Verfolgter: **fehlende Solidarität** der Höherstehenden mit den Schwächeren der Gesellschaft → keine Veränderungen oder gar Revolutionen möglich

Psychologische Lesart

- **Woyzecks Entwicklung** vom einfachen Soldaten und unverheirateten Familienvater zum Wahnsinnigen und Mörder
- keine Hochzeit mit Marie möglich, da er als Soldat das vorgeschriebene Vermögen nicht aufbringen kann → Beziehung zu Marie gesellschaftlich **geächtet**
- wegen finanzieller Verantwortung (für Marie und ihr gemeinsames Kind) **Nebentätigkeiten** notwendig: Rasieren des Hauptmanns, Versuchsobjekt bei Doctor, Assistent bei Professor → trotz **Hetze** und **Überbelastung:** keine Befreiung aus seiner kümmerlichen Lage
- krank durch **Ernährungsexperiment** des Doctors: physische (erhöhter Puls, Zittern, Schwin-delanfälle, Kopfschmerzen, Haarausfall) und psychische Symptome (Hören von Stimmen, Welt-untergangsvisionen, Verfolgungswahn) → **schwere Psychose**
- **Beleidigungen** und **Erniedrigungen** durch Hauptmann: Vorwürfe wegen unehelichem Kind, spöttische Anspielungen auf Affäre zwischen Marie und Tambourmajor

- Tambourmajor als körperlich überlegener **Rivale:** Ausspannen der Geliebten, Hohn und **Gewalt**
- durch **Maries Betrug** Verlust seines wichtigsten Halts im Leben → **Leidensdruck** wird zu groß: endgültiges Abgleiten in den Wahn, Planen und Ausführen des Mordes
- Auslöser der Mordtat: Eifersucht und Betrug → tiefere Ursachen: **entwürdigende Lebensbedingungen** eines geschundenen, deformierten und isolierten Menschen

Philosophische Lesart

- Kritik an Theorie der **Evolution** und des Fortschritts der Zivilisation (Teleologie): Betonung der Nähe zwischen menschlichem und tierischem Verhalten („vernünftige Viehigkeit" – „viehische Vernunft") → **Blasiertheit** der Menschen bei offenkundig animalischem Verhalten
- Frage nach der Umsetzbarkeit von **Moral:** uneingeschränkte Gültigkeit für jeden Menschen (laut Hauptmann) oder Frage von Vermögen und Stellung (laut Woyzeck) → schichtenspezifische Gebundenheit von Werten
- **Determinismus:** Abhängigkeit menschlicher Handlungen von jeweiligen **Lebensumständen** → keine Möglichkeit für den Einzelnen (v. a. den Niedriggestellten), Lauf der Dinge oder eigenes Leben bewusst zu steuern oder sogar zu verbessern
- Kritik am **Idealismus:** Idee der Selbstbestimmung des Menschen → Wille und Vernunft sollen Gefühle, Bedürfnisse, Triebe beherrschen (mit überlieferter Moral als Leitfaden)
- Gefühl der moralisch-intellektuellen Überlegenheit der Idealisten (Hauptmann, Doctor): keine Akzeptanz anderer Einflüsse (Individualität, Sozialisation, Bildung, Besitz usw.) → Arroganz, Ignoranz und **Unmenschlichkeit**
- Betonung des **Materialismus:** nicht Denken und Handeln gestalten die Lebensbedingungen, sondern die Lebensbedingungen prägen das Denken und Handeln → gesellschaftliche Umstände und Besitzverhältnisse formen den Menschen

Soziologische Lesart

- Starke helfen Schwachen nicht, Starke verachten sich gegenseitig (Hauptmann vs. Doctor), Starke schließen im Zweifel Bündnis gegen Schwache, Schwache betrügen und ermorden sich gegenseitig → **Fehlen des gesellschaftlichen Zusammenhalts**
- kein Schutz durch Hauptmann (Woyzecks Vorgesetzter!): kein Gefühl von Verantwortung für seinen Untergebenen → stattdessen **Abgrenzung nach unten** zum Erhalt der eigenen Position
- Fortführen der Experimente trotz Woyzecks offensichtlicher Krankheit → **Missachten des hippokratischen Eides**, Degradierung des Menschen zum Versuchsobjekt
- Selbstcharakterisierung Woyzecks („Wir arme Leut"/„ich bin ein armer Kerl"): **Bewusstsein des eigenen sozialen Ortes** als bedrückende Erfahrung → aber keine Wut auf den verantwortlichen „Unterdrückungsapparat", sondern auf seine Freundin Marie
- soziale Unterschiede als reine **Äußerlichkeiten** (vgl. 3. Szene: Tiere als Menschen verkleidet): Ungerechtigkeit der gesellschaftlichen Realität, willkürliche Verteilung von Privilegien und Besitz
- dysfunktionale Kommunikation und Sprachlosigkeit: gleichzeitig Symptome und Konsequenzen der **sozialen Spaltung**
- Armut mit all ihren Folgen als „Gift" für zwischenmenschliche Beziehungen und Gesellschaft
- Büchner: „Ich verachte Niemanden, am wenigsten wegen seines Verstandes oder seiner Bildung, weil es in Niemandes Gewalt liegt, kein Dummkopf oder kein Verbrecher zu werden, – weil wir durch gleiche Umstände wohl Alle gleich würden, und weil die Umstände außer uns liegen."

Auf einen Blick

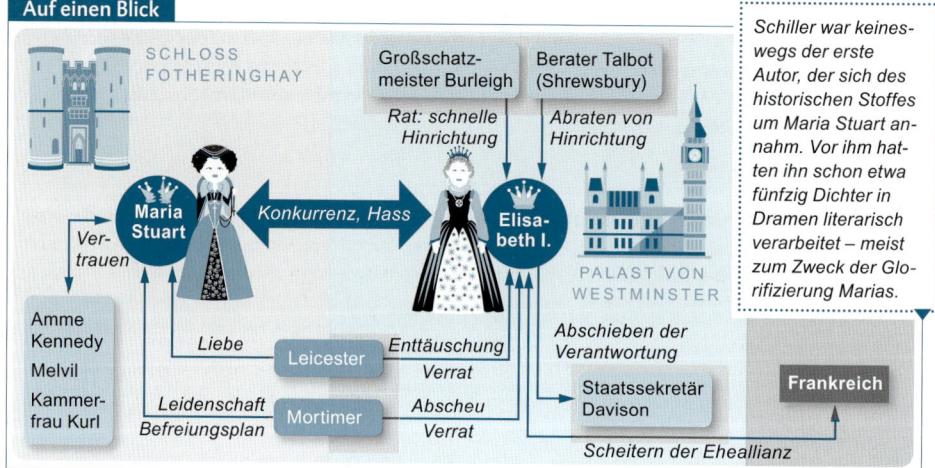

Schiller war keineswegs der erste Autor, der sich des historischen Stoffes um Maria Stuart annahm. Vor ihm hatten ihn schon etwa fünfzig Dichter in Dramen literarisch verarbeitet – meist zum Zweck der Glorifizierung Marias.

Vorgeschichte

- Vertreibung Maria Stuarts (= schottische Königin) aus ihrem Land (1568), weil sie verdächtigt wird, am Mord an ihrem Ehemann mitgewirkt zu haben → **Exil in England**, wo sie sich Schutz durch die **englische Königin Elisabeth I.** erhofft
- **Gefangennahme Marias** durch die **englische Königin** wegen deren Angst vor möglichen Thronansprüchen Marias → 19-jährige Gefangenschaft und Prozess gegen Maria

I. Aufzug

Erster bis vierter Auftritt (Schloss Fotheringhay)
- Marias Amme Kennedy im Streit mit Marias Bewacher Paulet, der Marias Gemächer durchsucht
- Marias Bitte an Paulet, Elisabeth einen **Brief** zu geben, in dem sie diese um ein **Treffen** ersucht
- Schuld-/Reuebekenntnis Marias gegenüber Kennedy hinsichtlich der Ermordung ihres Gatten

Fünfter bis achter Auftritt (Schloss Fotheringhay)
- **Mortimers** (Paulets Neffe) **Bekenntnis zu Maria** → er offenbart seinen **Befreiungsplan**
- Disput zwischen Maria und Elisabeths Großschatzmeister Burleigh (der die Nachricht vom Todesurteil übermitteln will) über die Rechtmäßigkeit des Gerichts/des Prozesses
- Paulets Absage an Burleigh, der ihm nahelegt, Maria zu vergiften

II. Aufzug

Erster bis sechster Auftritt (Palast von Westminster)
- Elisabeths Verhandlung mit französischen Gesandten: sie zögert, eine **eheliche Verbindung mit französischem Thronfolger** einzugehen, übergibt dann aber als positives Zeichen einen Ring
- Gespräch Elisabeths mit ihren Beratern Burleigh, Talbot und Leicester über Marias Schicksal
- Elisabeths **Lektüre von Marias Brief**, der sie rührt: Überlegung, sich mit Maria zu treffen
- (falsches) Bekenntnis Mortimers zu Elisabeth → Auftrag Elisabeths an Mortimer, Maria zu töten → Zusage Mortimers, der jedoch fest entschlossen ist, **Elisabeth zu verraten**

Siebenter bis neunter Auftritt (Palast von Westminster)
- Leicesters Eingeständnis gegenüber Mortimer, etwas für Maria zu empfinden und es leid zu sein, um Elisabeth zu werben – aber keine Bereitschaft zu einer gewaltsamen Befreiung Marias
- Einflussnahme Leicesters auf Elisabeth, die schließlich einem Treffen mit Maria zustimmt

III. Aufzug

Erster bis sechster Auftritt (Park beim Schloss Fotheringhay)
- **Treffen** zwischen der zunächst unterwürfigen **Maria** und der überheblichen **Elisabeth** → zunehmende **Eskalation des Gesprächs**, an dessen Ende Maria ihren Thronanspruch verkündet
- Mortimers übermäßige Gefühle für Maria → (auch körperliche) Zudringlichkeit/Übergriffigkeit

Siebenter und achter Auftritt (Schloss Fotheringhay)
- Paulets (fälschliche) Mitteilung an Mortimer, dass Elisabeth ermordet worden sei
- Nachricht an Mortimer, das Attentat eines Mitverschwörers auf Elisabeth sei nicht geglückt und eine Flucht dringend nötig → Mortimers Entschluss, trotzdem die Rettung Marias zu versuchen

IV. Aufzug

Erster bis vierter Auftritt (Palast von Westminster)
- Attentäter = Franzose → **Beendigung der diplomatischen Beziehungen** zu Frankreich
- Burleighs Verdacht, Leicester arbeite gegen Elisabeth – Leicester will den Verdacht entkräften
- Mortimers Nachricht an Leicester, Burleigh habe einen **verdächtigen Brief** Marias an Leicester gefunden – **Mortimers Suizid** nach Gefangennahme durch Leicester, der sich selbst retten will

Fünfter bis zwölfter Auftritt (Zimmer der Königin im Palast von Westminster)
- Bestürzung Elisabeths wegen des Briefs → **Beschwichtigung** Elisabeths durch **Leicester:** er habe sich nur zum Schein auf Maria eingelassen, um die **Befreiungspläne hintertreiben** zu können – was mit Mortimers Festnahme auch gelungen sei
- **Unterzeichnung des Todesurteils** durch Elisabeth nach langem **Ringen um eine Entscheidung** → Versuch, Staatssekretär Davison die Verantwortung für die Vollstreckung zuzuschieben
- **Burleigh** bemächtigt sich des **unterschriebenen Todesurteils**

V. Aufzug

Erster bis zehnter Auftritt (Schloss Fotheringhay)
- Todesurteil → Trauer der Bediensteten von Maria, die selbst aber gefasst zu sein scheint
- würdevoller Abschied Marias, die den Tod als Befreiung ansieht, von ihren Bediensteten
- Marias **Beichte** gegenüber ihrem Vertrauten Melvil, der zum Priester geweiht worden ist: Bitte um **Vergebung** für ihren Hass auf Elisabeth, für ihre Liebe zu Leicester und für den Mord am Ehemann – Erklärung, sich nie gegen Elisabeth verschworen zu haben
- Marias letzte Worte an Leicester über seinen Liebesverrat
- Leicester Ohnmacht, als er die Hinrichtung mitanhört

Elfter bis letzter Auftritt (Zimmer der Königin im Palast von Westminster)
- Talbots Bericht an Elisabeth, Kurl habe gestanden, **falsches Zeugnis** gegeben zu haben → Elisabeths Anordnung, den Fall neu zu untersuchen (obwohl sie ahnt, dass Urteil vollstreckt ist)
- Elisabeths Versuch, **Davison** die **Schuld für die Vollstreckung** zu geben
- Burleighs Mitteilung an Elisabeth, dass das Urteil vollstreckt sei → **Verbannung Burleighs, Gefangennahme Davisons**, Rücktritt Talbots, Leicesters Flucht → Elisabeth bleibt allein zurück

Auf einen Blick

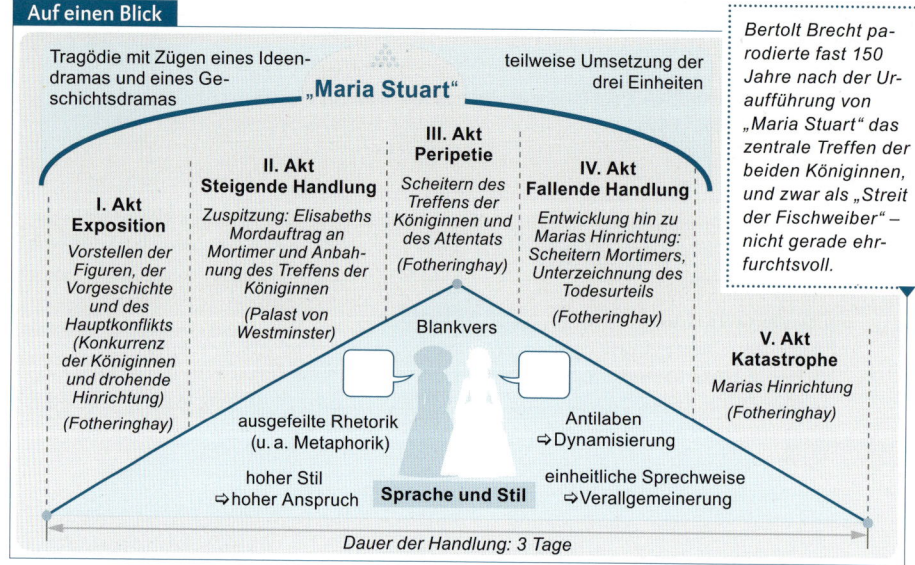

Tragödie mit Zügen eines Ideendramas und eines Geschichtsdramas

„Maria Stuart"

teilweise Umsetzung der drei Einheiten

Bertolt Brecht parodierte fast 150 Jahre nach der Uraufführung von „Maria Stuart" das zentrale Treffen der beiden Königinnen, und zwar als „Streit der Fischweiber" – nicht gerade ehrfurchtsvoll.

I. Akt Exposition
Vorstellen der Figuren, der Vorgeschichte und des Hauptkonflikts (Konkurrenz der Königinnen und drohende Hinrichtung)
(Fotheringhay)

II. Akt Steigende Handlung
Zuspitzung: Elisabeths Mordauftrag an Mortimer und Anbahnung des Treffens der Königinnen
(Palast von Westminster)

III. Akt Peripetie
Scheitern des Treffens der Königinnen und des Attentats
(Fotheringhay)

IV. Akt Fallende Handlung
Entwicklung hin zu Marias Hinrichtung: Scheitern Mortimers, Unterzeichnung des Todesurteils
(Fotheringhay)

V. Akt Katastrophe
Marias Hinrichtung
(Fotheringhay)

Blankvers

Sprache und Stil
ausgefeilte Rhetorik (u. a. Metaphorik)

hoher Stil ⇒ hoher Anspruch

Antilaben ⇒ Dynamisierung

einheitliche Sprechweise ⇒ Verallgemeinerung

Dauer der Handlung: 3 Tage

Aufbau und Struktur

- 5 Akte des **1800** uraufgeführten Trauerspiels (zwischen 8 und 15 Auftritte pro Akt)
- Entsprechung zum **Pyramiden-Schema von Gustav Freytag:**
  - **Exposition** (I. Aufzug): Vorstellung der Hauptfiguren, der Vorgeschichte und des Hauptkonflikts (= die Konkurrenz zwischen Maria und Elisabeth und die drohende Hinrichtung)
  - **steigende Handlung** (II. Aufzug): Zuspitzung → Auftreten Elisabeths, ihr Mordauftrag an Mortimer, Anbahnung eines Treffens mit Maria
  - **Peripetie** bzw. **Höhe-/Wendepunkt** (III. Aufzug): Treffen der Kontrahentinnen Elisabeth und Maria → keine Aussicht mehr auf eine „gütliche" Lösung; außerdem Scheitern des Attentats (tragisches Moment: Scheitern des Treffens durch übermäßigen Stolz der Figuren)
  - **fallende Handlung** (IV. Aufzug): Entwicklung hin zur Katastrophe → Scheitern Mortimers, Unterzeichnung des Todesurteils (retardierendes Moment: Elisabeths Zögern)
  - **Katastrophe** (V. Aufzug): Hinrichtung Marias, Isolation Elisabeths
- Symmetrie der Handlung – dritter Akt als Spiegelachse:
  - **Handlungsorte:** Fotheringhay | Westminster | Fotheringhay | Westminster | Fotheringhay
  - im Mittelpunkt stehende **Figuren:** Maria | Elisabeth | Maria und Elisabeth | Elisabeth | Maria
- teilweise Umsetzung der **drei Einheiten** nach Aristoteles:
  - Umsetzung der **Einheit der Handlung:** keine Nebenhandlungen, strikte Ausrichtung der Handlung auf den Hauptkonflikt
  - keine strikte Umsetzung der **Einheit des Ortes:** zwei Handlungsorte (Schloss von Fotheringhay und Palast von Westminster)
  - zumindest Nähe zur **Einheit der Zeit:** Handlungsdauer von drei Tagen (1. Tag: I. Aufzug; 2. Tag: II. bis IV. Aufzug; 3. Tag: V. Aufzug)
- Nebentext: v. a. Regieanweisungen zum Verhalten der Figuren

Sprache und Stil

- **Blankvers** (fünfhebiger Jambus, kein Reim) als vorherrschendes Versmaß
- immer wieder Antilaben (Aufteilung eines Verses auf zwei Sprecher) und Stichomythien (Wechsel des Sprechers nach jedem Vers) → Mittel der **Dynamisierung**
- viele Enjambements → Auflockerung des rhythmisierten Sprechflusses
- künstliches Sprechen, **hoher Stil** → Widerspiegelung des inhaltlich **hohen Anspruchs** (außerdem Zeichen für Schillers Hinwendung zur Klassizität) und der **Gewichtigkeit des Inhalts**
- Schillers Ziel, durch die **einheitliche Sprechweise** „etwas **Allgemeines**, rein **Menschliches**" hinter dem „Charakteristisch-Verschiedenen" besser sichtbar zu machen
- Sprache oft als Mittel der **Manipulation** (z. B. als Mortimer Elisabeth in II, 5 beeinflusst)
- **ausgefeilte Rhetorik** – beispielsweise:
  - ausgeprägte **Metaphorik** (z. B.: „Kein Bündnis ist mit dem Gezücht der Schlangen.") → oft Mittel der **Bewertung** und der **Beeinflussung**
  - Ausrufe, oft in Verbindung mit Ellipsen (z. B.: „Hinweg, hinweg / Von diesem unglücksel'gen Ort!") → meist Ausdruck **starker innerer Bewegung**, die die Dramatik des Geschehens widerspiegelt
  - Antithesen (z. B.: „Du warst die Königin, *sie* der Verbrecher.") → oft Mittel klarer Positionierung
  - **sinnspruchhafte Formulierungen** (z. B.: „Was man nicht aufgibt, hat man nie verloren.") → meist Ausdruck **verallgemeinernder Rede**, die über den konkreten Gegenstandsbezug hinausweist
  - Alliterationen (z. B.: „ich hab' es nicht / Verheimlicht und verborgen") → oft Steigerung der Emotionalität der Rede
  - **Personifikationen und Apostrophen** (z. B.: „Fahr hin, ohnmächt'ger Stolz der edeln Seele!") → Intensivierung der Rede, gerade auch im Hinblick auf abstrakte Konzepte (die personifiziert bzw. in der Apostrophe angesprochen werden)

Literarische Form

- Tragödie (= Trauerspiel)
  - **Form und Aufbau** des Dramas **typisch für Tragödien**
  - Maria insofern als **tragische Figur**, als sie **„schuldig"** (z. B. Mord am Ehemann, Stolz gegenüber Elisabeth) und **„unschuldig"** (z. B. keine Verschwörung gegen Elisabeth, Opfer einer Intrige) ist
  - Schillers Wirkungsziel mit der *Maria Stuart*-Tragödie: zwar **Rührung** angesichts des Schicksals seiner Titelfigur, aber **nicht** so weit, dass der Zuschauer davon **überwältigt** wird
- **geschlossene Form:** *eine* Haupthandlung, stringente Verknüpfung der Teile, kaum Ortswechsel und Zeitsprünge, einheitliche Sprache
- sowohl Aspekte eines **Geschichtsdramas** als auch eines **Ideendramas:**
  - Geschichtsdrama: Stützung auf historische Fakten und Deutung der Geschichte durch das Drama – dabei aber auch „Verstöße" gegen die Fakten (z. B. Verjüngung der Kontrahentinnen, Erfindung eines Treffens der beiden)
  - Ideendrama: Hebung des Historischen ins Allgemeine → u. a. Veranschaulichung von Schillers philosophischem Konzept der Erhabenheit

Auf einen Blick

Philosophisch
- Maria: Entwicklung zur „schönen Seele" oder zur „Erhabenheit"?
- physische vs. psychische Freiheit
- Kritik an Machiavellismus und Plädoyer für ethisch-moralisches Handeln

Psychologisch
- Liebe und Leidenschaft als treibende Kräfte im Menschen
- Vielschichtigkeit der Figuren
- Konflikt zwischen den Hauptfiguren auch als persönlicher Konflikt

> *In einer zeitgenössischen Besprechung des Stücks wurde die Abendmahlszene (V, 7) als blasphemisch verurteilt, weil ein religiöses Ritual ausführlich theatralisch inszeniert wurde.*

Historisch
- pessimistisches Geschichtsbild: kaum Anzeichen für Fortschritt
- Kritik an Absolutismus in Schillers Zeit

Politisch

- Kritik an tyrannischer Machtpolitik
- Politik als Sphäre der Intrigen

Soziologisch
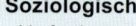
- Verfestigung traditioneller Weiblichkeitsbilder
- Rollenkonflikt: Frauen- vs. Herrscherrolle
- Kritik am Patriarchalismus

keine Allgemeingültigkeit nur eines Deutungsansatzes, sondern immer Zusammenspiel mehrerer Lesarten

Psychologische Lesart

- **Maria** als vielschichtige Figur mit **Leidenschaft und Vernunft:**
  - ihre Emotionen (beim Treffen mit Elisabeth) als **Verhängnis**
  - Gewinnung von **Abgeklärtheit** und **Gelassenheit** vor ihrer Hinrichtung – Achtung: Diese Entwicklung wird nicht „auf die Bühne gebracht" und insofern auch nicht psychologisch glaubhaft gemacht, sie wird mit dem fünften Akt gesetzt → offenbar **stärkeres Interesse** Schillers für das philosophische **Konzept der Erhabenheit** (s. u.) als für psychologische Plausibilität
  - Halt gebender katholischer Glaube
- **Elisabeth** als vielschichtige Figur, die **nach außen stark** wirken will, aber sehr von **Zweifeln** geprägt ist, was ihr politisches Handeln angeht – dabei großer Einfluss von **negativen Emotionen**
- Konflikt zwischen Maria und Elisabeth auch als persönlicher Konflikt: Maria mit ihrer Attraktivität als Gegensatz zur gefühlskalt wirkenden Elisabeth, die Maria um ihre Sinnlichkeit beneidet
- Liebe und Leidenschaft als treibende Kräfte im Menschen – u. a. auch bei Mortimer

Historische Lesart

- Aussagekraft des Dramas für die Geschichtsdeutung fraglich – zu große Abweichungen vom historischen Vorbild zugunsten der dramatisch-poetischen Gestaltung
- Tendenz zu **negativem Geschichtsbild** (auch angesichts des grausamen Verlaufs der Französischen Revolution): kaum Zeichen realen historischen Fortschritts
- Drama als **Kritik** an der **von Verstellung geprägten Sphäre des Hofes** → ggf. auch als Kritik an der höfischen, absolutistischen Welt lesbar, die Schillers Zeit noch prägte

Politische Lesart

- Kritik an **tyrannischer Machtpolitik:**
  - **Einfluss der Obrigkeit** auf Marias Prozess und machtpolitische Manipulation des Prozesses
  - Aufträge, **Maria zu ermorden**
  - → ggf. konstitutionelle Monarchie (mit echter Gewaltenteilung) als Lösung

- Appell an die Verantwortlichkeit des Einzelnen in der Politik (z. B. durch die Darstellung Elisabeths, die für den Tod Marias keine Verantwortung übernehmen will)
- Politik als **Sphäre der Verstellung und der Intrigen**
- **Ehe-Allianzen** zwischen Königsfamilien als Mittel des Herrschaftsausbaus bzw. der Herrschaftssicherung → Unterordnung privater/individueller Interessen
- **Religion als (macht)politischer Faktor:** katholische Maria Stuart als Bedrohung für protestantisches England, wenn sie auf den Thron käme → Angst vor Rekatholisierung

Soziologische Lesart

- **feministische Lesart:** Festschreibung von **traditionellen Weiblichkeitsbildern** → Maria mit ihrer Sinnlichkeit, Schönheit und Begehrtheit als Verkörperung des „Weiblichen"; Elisabeth als „unweibliche" Frau
- **Rollenkonflikt** der Frauenfiguren (insbesondere Elisabeth) zwischen Frauen- und Herrscherrolle
- **Kritik am Patriarchalismus:** Scheitern der Frauenfiguren auch als Folge der patriarchalen Verhältnisse und Normen (u. a. was die Frage angeht, wie geherrscht werden soll)
- Verhältnis von Volk und Herrschaft: Einfluss des Volks auf die Politik jenseits demokratischer Strukturen → Stimmung des Volks mit Auswirkungen auf Elisabeths Handlungen

Philosophische Lesart

- Bezüge zu **Schillers Philosophie:** Mensch als Wesen, in dem die **(vermeintlichen) Gegensätze Geist** und **Natur, Vernunft** und **Affekt/Sinnlichkeit, Pflicht** und **Neigung** zusammenkommen → Frage, wie Maria am Ende des Dramas damit umgeht (als „schöne Seele" oder als „erhabener Charakter")
  - „**schöne Seele**" = innere Verfasstheit des Menschen, bei der der **Affekt die Leitung des Willens** übernimmt, sich aber zugleich **im Einklang mit dem Geist** befindet (eine Art „sittlicher Instinkt") → Marias Verwandlung zur „schönen Seele" (Affekt: Begrüßen des Todes; Geist: Wissen um ihre Schuld und um die Unausweichlichkeit ihres Todes)
  - „**Erhabenheit**" = Haltung, in der der **freie Mensch** sich **über die beschränkenden Bedingungen**, denen er als Sinneswesen ausgesetzt ist, **erhoben** hat → Marias Entwicklung zum „erhabenen Charakter": Überwindung des **Affekts** (= u. a. der Angst vor dem Tod) durch freiwilliges Annehmen der Gewalt, die sie erfahren wird, sodass diese **keinen Zwang** mehr darstellt (sondern als gerechte Sühne der Schuld wahrgenommen wird)
- **physische vs. psychische Freiheit:** Maria als physisch gefangener, aber am Ende als psychisch freier Mensch; Elisabeth als physisch freier, aber psychisch gefangener Mensch (getrieben durch Ängste, abhängig von Herrscherkalkül und -pflichten)
- v. a. Figur der Maria als **Ideenträgerin** (z. B. Erhabenheit) → sinnlich erfahrbare Veranschaulichung einer Idee im Drama erscheint als Teil einer ästhetischen Erziehung zu Humanität und Harmonie, wie sie die Weimarer Klassik anstrebte
- **Kritik am Machiavellismus**, einer politischen Theorie, nach der Herrscher ihre Ziele mit Macht bzw. Gewalt und ohne Rücksicht auf Ethik und Moral verfolgen
- Kritik an Machtpolitik und Gewalt sowie Darstellung der reuigen Maria → Plädoyer für **moralisches Denken** und Handeln
- Frage, ob Schiller den **katholischen Glauben idealisiert** – durch die Verklärung der Katholikin Maria Stuart (vgl. z. B. die innere Befreiung Marias durch die Abnahme der Beichte) oder auch durch Mortimers euphorische Konversion zum Katholizismus (vgl. I, 6)

Auf einen Blick

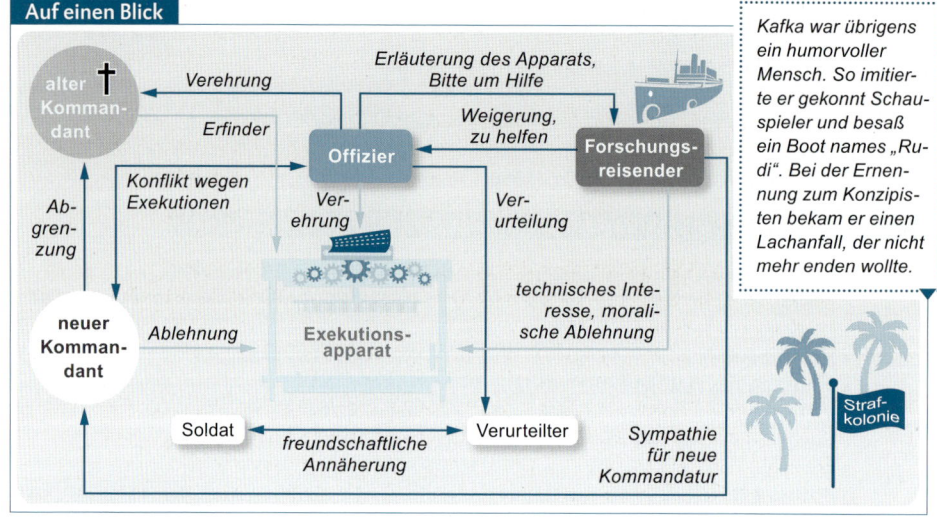

> Kafka war übrigens ein humorvoller Mensch. So imitierte er gekonnt Schauspieler und besaß ein Boot names „Rudi". Bei der Ernennung zum Konzipisten bekam er einen Lachanfall, der nicht mehr enden wollte.

Voraussetzungen

- Besuch eines **Forschungsreisenden** bei einer **militärisch organisierten Strafkolonie**
- Einladung des Kommandanten, der **Exekution** eines verurteilten Soldaten beizuwohnen (Delikt: Ungehorsam und Beleidigung des Vorgesetzten)

Theoretische Erläuterung des Exekutionsapparates

- Exekutionsort (kleines, abgeschlossenes Tal): **Vorbereitung des Exekutionsapparates** durch einen Offizier, während der Reisende, der Verurteilte und ein weiterer Soldat anwesend sind
- begeisterte **Erläuterung des Exekutionsapparates** durch den Offizier:
  – ausgeklügelte **Erfindung des früheren**, vom Offizier bewunderten **Kommandanten**
  – **drei Teile** des Apparates: erstens das **„Bett"** (eine mit Watte ausstaffierte sowie mit Halteriemen und Filzstumpf für den Mund versehene Liegefläche); zweitens **„Zeichner"** (ein über dem „Bett" befindliches Bauteil, das mit diesem über Eisenstangen verbunden ist); drittens **„Egge"**: mit Nadeln ausgestattetes, zwischen „Bett" und „Zeichner" schwebendes Bauteil
- langsam steigendes Interesse des zunächst nicht interessierten Forschungsreisenden
- Erläuterung durch den Offizier: das vom Verurteilten übertretene Gebot wird dem Verurteilten mit der „Egge" **in den Körper geschrieben** – in diesem Fall: **„Ehre deinen Vorgesetzen."**
- Erläuterung der Rechtsprechung im Allgemeinen und im konkreten Fall durch den Offizier:
  – **keine Kenntnis** des Verurteilten, dass und wozu er **verurteilt** ist
  – **Offizier als alleiniger Richter**, dabei **keine Verteidigung** durch den Täter möglich
  – Vergehen des Verurteilten: unverschämte Äußerungen gegenüber Vorgesetztem, als dieser den Verurteilten gepeitscht hat, der nachts das stündliche Salutieren verschlafen hatte
  – Darstellung des Geschehens durch den Hauptmann vor einer Stunde → unverzügliches Urteil
- **kritische Einstellung des Forschungsreisenden** zum Gerichtsverfahren und zur Strafe
- genauere Erläuterung durch Offizier, wie die „Egge" die Inschrift in den Leib sticht
- Betrachtung des Apparates durch den Verurteilten – Offizier unterbindet dies

- Erläuterung des „Zeichners" durch den Offizier: Räderwerk, das entsprechend der wertvollen Handzeichnungen des früheren Kommandanten angeordnet werden muss, damit es die gewünschte Inschrift und Verzierungen in den Körper zeichnet
- veranschaulichender **Probelauf der Maschine**
- Erläuterung des Offiziers zum Exekutionsablauf: **sechs Stunden Schmerzen**, ab dann **Verstummen des Verurteilten** und sein Bemühen, die Schrift zu entziffern; nach weiteren sechs Stunden: **Aufspießen des Verurteilten** und automatischer Wurf in eine Grube

Vorbereitung des Verurteilten für die Exekution und Plan des Offiziers

- **Entkleiden** des Verurteilten durch den Soldaten, **Anschnallen** auf dem „Bett"
- Reißen eines Handriemens – Klage des Offiziers, nicht mehr wie früher eigenständig Ersatzteile beschaffen zu können
- **Überlegungen** des Forschungsreisenden, ob er versuchen solle, **gegen die Unmenschlichkeit des Gerichts- und Exekutionsverfahrens einzuschreiten**
- Vermutung des Forschungsreisenden, die Einladung zur Exekution sei erfolgt, damit der neue Kommandant einen externen Fürsprecher für die Abschaffung des Apparates gewinne
- Erbrechen des Verurteilten, als er den Filzstumpf in den Mund bekommt
- **Bitte des Offiziers**, dass der **Reisende** ihm **helfe**, die **Abschaffung** der Exekutionen durch den Kommandanten zu **verhindern**: er solle bei einer Sitzung dafür Stellung beziehen
- dabei euphorische Erinnerung „an bessere Zeiten", als die Prozedur noch großes Publikum hatte
- **klares Nein des Forschungsreisenden – Bekenntnis gegen die Prozedur** und Entschluss, dem Kommandanten seine Meinung mitzuteilen

Selbstexekution des Offiziers

- überraschender **Freispruch des Verurteilten** durch den Offizier → Befreiung aus dem Apparat
- neue Einrichtung des „Zeichners" durch Offizier: **Vorbereitung der Maschine** für die Inschrift **„Sei gerecht!"**, um **sich damit selbst zu exekutieren** – kein Einschreiten des Reisenden
- Offizier legt Kleidung ab → erst dann Aufmerksamkeit des Verurteilten und des Soldaten → Lachen des Verurteilten, der denkt, der Forschungsreisende habe die Exekution befohlen
- **Anschnallen des Offiziers** durch den Verurteilten und den Soldaten → Beginn der Prozedur
- Interesse des Verurteilten für die arbeitende Maschine und ihre Funktionsweise
- **Auseinanderfallen des Apparates:** Herausspringen der Zahnräder, Beeinträchtigung der eigentlichen Funktionsweise: kein Schreiben in den Körper, sondern **nur (noch brutaleres) Stechen** → **Hilflosigkeit des Forschungsreisenden** angesichts der Erkenntnis, dass „das [...] ja keine Folter [war], wie sie der Offizier erreichen wollte", sondern „unmittelbarer Mord"
- Herausheben des aufgespießten Körpers durch die „Egge" – Körper fällt aber nicht in die Grube → der Forschungsreisende drängt den Verurteilten und den Soldaten dazu, ihm dabei zu helfen, den **Körper von der „Egge" zu lösen**, damit er in die Grube fallen kann

Besuch am Grab des früheren Kommandanten und Abreise

- Gang des Forschungsreisenden, des Verurteilten und des Soldaten zum **Teehaus**
- **Besuch am Grab des früheren Kommandanten**, das sich hinter dem Teehaus befindet – Grabstein mit Prophezeiung, der **Kommandant werde wiederkehren**
- **hastige Abreise des Forschungsreisenden** mit dem Schiff – dabei wehrt er den Versuch des Soldaten und des Verurteilten ab, mit ihm die Insel zu verlassen

Auf einen Blick

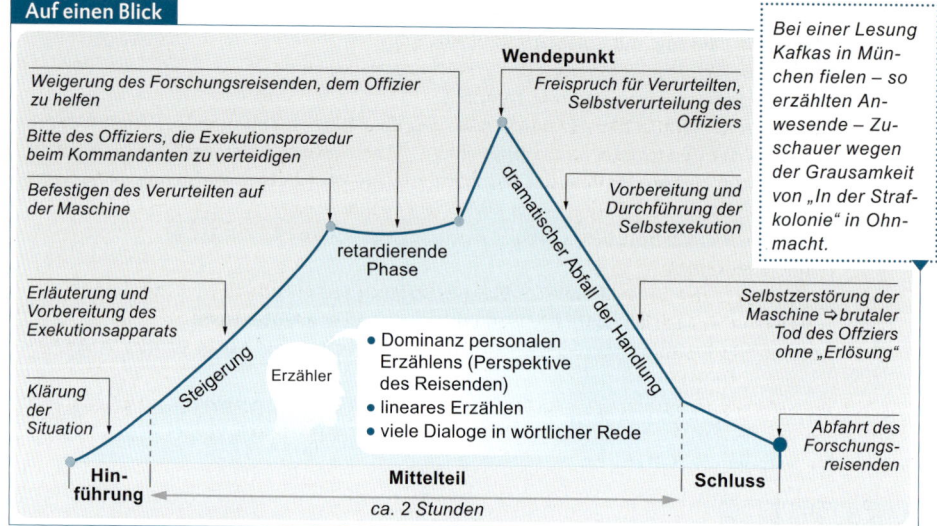

Weigerung des Forschungsreisenden, dem Offizier zu helfen

Bitte des Offiziers, die Exekutionsprozedur beim Kommandanten zu verteidigen

Befestigen des Verurteilten auf der Maschine

retardierende Phase

Wendepunkt

Freispruch für Verurteilten, Selbstverurteilung des Offiziers

Vorbereitung und Durchführung der Selbstexekution

dramatischer Abfall der Handlung

Erläuterung und Vorbereitung des Exekutionsapparats

Steigerung

Klärung der Situation

Erzähler

- Dominanz personalen Erzählens (Perspektive des Reisenden)
- lineares Erzählen
- viele Dialoge in wörtlicher Rede

Selbstzerstörung der Maschine ⇒ brutaler Tod des Offziers ohne „Erlösung"

Abfahrt des Forschungsreisenden

Hinführung

Mittelteil

Schluss

ca. 2 Stunden

Bei einer Lesung Kafkas in München fielen – so erzählten Anwesende – Zuschauer wegen der Grausamkeit von „In der Strafkolonie" in Ohnmacht.

Aufbau und Struktur

- äußere Struktur der 1914 entstandenen und 1919 veröffentlichten Erzählung: **durchgehender Text** ohne Kapitel, lediglich eine optische Abtrennung des Schlusses der Erzählung
- innere Struktur:
  - knappe **Hinführung** mit Hinweisen zur Vorgeschichte (erster Absatz)
  - **Steigerung** der Handlung: Erläuterung und Vorbereitung des Apparates, dessen Grausamkeit mehr und mehr zu Tage tritt → schließlich Befestigen des Verurteilten auf dem Apparat
  - **retardierende Phase:** Plan des Offiziers, mithilfe des Forschungsreisenden den neuen Kommandanten an seinem Vorhaben zu hindern, die Exekutionsmaschine abzuschaffen
  - **Wendepunkt/Peripetie** nach Absage des Reisenden an den Offizier: Freispruch des Verurteilten
  - **dramatischer Abfall** der Handlung: Vorbereitung und Durchführung der Selbstexekution des Offiziers, die wegen Funktionsfehlern der Maschine die Hinrichtung stark beschleunigt
  - **Ende:** Besuch am Grab des Kommandanten und Abreise

Erzählweise

- Erzählung in der **Er-Form:**
  - im ersten Absatz: Tendenz zu **auktorialem Erzählen** (Überblick über Hintergründe), dann aber kaum mehr Anzeichen auktorialen Erzählens → u. a. weitgehender Verzicht auf Wertungen, Kommentare und Reflexionen, stattdessen eher **unbeteiligte, faktenorientierte Darstellung des grausamen Geschehens durch den Erzähler**
  - Dominanz **personalen Erzählens: Perspektive des Forschungsreisenden**, gelegentlich direkter Blick in seine Gefühle und Gedanken
  - Tendenzen zu **neutralem Erzählen** u. a. bei der **Gesprächswiedergabe**
  - nur ausnahmsweise Einblicke in das Innenleben der anderen Figuren

- Zeitstruktur:
  - **lineare Erzählung** (mit wenigen Rückblenden)
  - Dauer der Haupthandlung (Erläuterung des Apparates bis Verlassen des Exekutionsortes): vermutlich zwischen ein und zwei Stunden
  - Dauer der Gesamthandlung (vom Vergehen des Verurteilten bis zur Abreise): vermutlich zwischen 12 und 16 Stunden (nachts um 2 Uhr Vorfall; morgens Meldung des Vergehens durch Hauptmann; später Aufnahme der Angaben des Hauptmanns; etwa eine Stunde später Beginn der Erläuterungen der Exekution; ca. ein bis zwei Stunden später Verlassen des Exekutionsortes; dann kurzer Besuch des Grabes und schließlich Abreise)
- Darbietungsformen:
  - Wiedergabe der Gedanken und Gefühle des Reisenden oft in Form des **Erzählerberichts**, teilweise aber auch in **wörtlicher Gedankenrede** und in **erlebter Rede**
  - **szenisches Erzählen von Dialogen** (direkte Rede), die insgesamt einen **großen Anteil** des Textes ausmachen
- Besonderheit des Erzählens im Kontext anderer Kafka-Werke: Perspektivfigur akzeptiert die befremdenden Aspekte der fiktiven Realität nicht fraglos, sondern nimmt eine **kritische und hinterfragende Haltung** ein

Sprache und Stil

- **keine Verwendung von Namen**, stattdessen Funktionsbezeichnungen („der Kommandant", „der Verurteilte", „der Reisende", „der Offizier", „der Soldat") → Verzicht auf Individualisierung → dadurch ggf. Nahelegen einer **allegorischen Lesart**
- Figurenrede:
  - Annäherung der wörtlichen Rede an **natürliches Sprechen** (meist eher kurze Sätze, Adverbien „also" und „nun", Modalpartikel „ja", eher einfachere Sprache, Redeabbrüche etc.)
  - gelegentlich aber Tendenz zu **gehobenerem Sprechstil** (Verschachtelungen; besondere Wortwahl, z. B. „bäuchlings", „vielköpfig")
  - Ausrufe in der fast **hymnischen Preisung** des früheren Hinrichtungsspektakels durch den Offizier
  - Semikolons zwischen Äußerungen des Offiziers → Andeutung einer **hastigen Sprechweise**
  - militärischer Ton des Offiziers gegenüber dem Soldaten und dem Verurteilten, aber nicht gegenüber dem Reisenden
- Erzählerbericht:
  - **sachlich-nüchterner, emotionsloser Stil**
  - weitgehender Verzicht auf Metaphern und Vergleiche zugunsten sehr konkreten Erzählens
  - viele **konkretisierende und veranschaulichende Attribute**, v. a. zur präzisen Beschreibung der Umgebung und der Figuren
  - eher **komplexe Syntax** mit Nebensätzen, teilweise aber auch parataktische Reihung kurzer Sätze
  - teilweise längere, parataktisch organisierte Sätze, die nacheinander ablaufende Vorgänge beschreiben
- kaum Einsatz rhetorischer Mittel

Literarische Form

- Erzählung mit **novellistischen Zügen** (unerhörte Begebenheit, Wendepunkt, mittlere Länge)

Auf einen Blick

Psychologisch/Psychoanalytisch
- mangelnde Ablösung des Offiziers von Vaterfigur (Kommandant)
- alter Kommandant = böser Vater vs. neuer Kommandant = guter Vater

Theologisch
- Entzifferung der Schrift als Erkenntnis der Daseinsschuld
- Parallelen zur Bibel
- Kommandanten: strafender vs. vergebender Gott

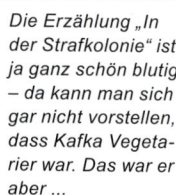

Die Erzählung „In der Strafkolonie" ist ja ganz schön blutig – da kann man sich gar nicht vorstellen, dass Kafka Vegetarier war. Das war er aber ...

Historisch
- Zeibezüge: Reflex auf I. Weltkrieg, Krise der Moderne
- alter Kommandant = autoritäre Gesellschaft vs. neuer Kommandant = aufgeklärte Gesellschaft

1905
1910
1915
1920
1925

Philosophisch
- Prozedur als Schicksalsallegorie
- Relativität menschlichen Urteilens
- keine Entsprechung zwischen technischem und moralischem Fortschritt
- Strafzweck: Vergeltung

Biografisch
- Verhältnis zum autoritären Vater
- Bezug zur Auflösung der Beziehung zu Felice Bauer

Poetologisch
- Schmerz des Schreibens
- Sehnsucht nach Verschmelzung mit der Schrift

keine Allgemeingültigkeit nur eines Deutungsansatzes, sondern immer Zusammenspiel mehrerer Lesarten

Psychologische / Psychoanalytische Lesart

- weitgehende **Teilnahmslosigkeit des Reisenden** → passend zum Beruf des Wissenschaftlers
- Denken vs. Handeln: **Reisender als Humanist im Geiste** (Haltung gegen das Verfahren), aber weniger im Verhalten (kein aktives Einschreiten)
- **keine sadistische Motivation** beim Offizier, sondern Glaube ans Verfahren und an „Erlösung"
- **Psychoanalytisch:**
  - fast **libidinöses Verhältnis des Offiziers zur Maschine** und zur Vaterfigur (Kommandant)
  - **keine psychische Ablösung des Offiziers von Vaterfigur** und von dessen Ordnung – Selbstexekution angesichts der drohenden Abschaffung des Apparates insofern konsequent
  - **Aufspaltung einer Vaterfigur in bösen Vater** (alter Kommandant = strafende Instanz) und **guten Vater** (neuer Kommandant = gütigere Instanz)
  - Offizier und Reisender als **Aufspaltung** *einer* **Person:** widersprüchliches Verhältnis zur Vaterfigur des alten Kommandanten (Offizier mit positiver Bindung, Reisender mit kritischer Distanz)

Theologische Lesart

- Aspekt der **Sinnsuche: Entzifferung der Schrift** auf dem eigenen Körper als **Erkennen** des Urteils und **damit der (Daseins-)Schuld** – Nähe zur Frage nach dem **Grund für das menschliche Leiden (Theodizee-Frage)**
- religiöse Bezüge: **Parallelen** der Exekution zur **Passionsgeschichte Jesu**; Ähnlichkeit der Gebote auf den Handzeichnungen mit den zehn Geboten; **christliches Motiv der Erlösung** durch Leid; prophezeite Wiederkunft des Kommandanten als Wiederkunft eines Erlösers
- alter Kommandant als **religiöse Gründerfigur** (oder gar als Schöpfergott): Erfindung des Geräts
- Gotteskonzeptionen: alter Kommandant als **strafender**, neuer Kommandant als **liebender Gott**
- frühere, heute **überholte Lesart:** Systeme des alten und des neuen Kommandanten als Widerspiegelung von **Judentum** (mit strafendem Gott) und **Christentum** (mit vergebendem Gott)

Biografische Lesart

- im Kontext von Kafkas Gesamtwerk, das immer wieder mit der Frage der Schuld zu tun hat:
  - Strafe ohne Verhandlung und Verteidigung als Widerspiegelung von Kafkas Verhältnis zum eigenen **autoritären Vater**, das vom ständigen Gefühl geprägt war, ungenügend zu sein
  - Zerstörung des Hinrichtungsapparates: ggf. Hoffnung auf Überwindung dieses Verhältnisses
- biografischer Schreibkontext: im Juli 1914 (drei Monate vor Entstehung der Erzählung) **Auflösung der Verbindung mit Felice Bauer** im Askanischen Hof → Situation, die Kafka als „**Gerichtshof im Hotel**" empfunden hatte → *In der Strafkolonie*, in der das Erfahren des Urteils und die Strafe zusammenfallen, möglicherweise als **Widerspiegelung dieser Situation**

Historische Lesart

- Grausamkeit in der Erzählung als **Reflex** auf die von **Gewalt geprägte Stimmung in Europa** und auf den **Ersten Weltkrieg** (und auf die Bedeutung der Technik in diesem Krieg)
- Kritik an der Brutalität des Militärwesens, an Strafkolonien und am Kolonialismus
- Anspielung auf die **Dreyfus-Affäre**: Verurteilung des jüdischen Hauptmanns Dreyfus in einem manipulierten Prozess; Verbannung auf Teufelsinsel (Parallele zu *In der Strafkolonie*)
- Zeitdiagnose: Text als Darstellung der **Krise der Moderne**
- Systeme der Kommandanten als **Allegorien: patriarchale/autoritäre Gesellschaften** (alt) vs. **aufgeklärte Gesellschaften** (neu) → Widerspiegelung des Übergangs vom einen zum anderen
- Maschine als **Allegorie auf moderne Verwaltungsapparate**, in denen unkritisch jeder seine Aufgabe erledigt und denen man ausgeliefert ist
- **Kritik an autoritären Rechtssystemen**, die auf Grundrechte des Angeklagten verzichten

Philosophische Lesart

- Prozedur als **Allegorie für das Leben: Verlorenheit/Leid des Menschen in der Welt** → **Erkenntnis und Erlösung** erst mit dem **Tod**
- Gerichtsverfahren und Apparat als **Schicksalsallegorie: Ausgeliefertsein** gegenüber dem **Schicksal**, das einem unbekannt bleibt bis zum Moment des Todes
- Unabhängigkeit des technologischen vom moralischen Fortschritt: **moderne Technologie** des Exekutionsapparats bei **archaischer Folterstrafe**
- Bezug zu **Strafzwecktheorien**: Strafzweck der **Vergeltung** – statt Abschreckung anderer (Generalprävention) bzw. des Täters (Individualprävention)
- Kontextabhängigkeit von Recht und Gerechtigkeit: Widersprüchlichkeit in der Selbstverurteilung des Offiziers, die in der Strafe der alten Rechtsprechung folgt (Foltertod), dabei aber neue Rechtsmaßstäbe zugrunde legt (vgl. das Gebot „Sei gerecht!") → **Relativität menschlichen Urteilens**
- Menschenbild: **keine der Figuren als Vorbild** → alle mit Fehlern (Offizier: Blindheit für Grausamkeit; Reisender: teilweise Teilnahmslosigkeit; Soldat: Unbedarftheit; Verurteilter: Naivität)
- Wissenschaftsbild: Forschungsreisender als der Neutralität verpflichteter Wissenschaftler
- **existenzielle Bedeutung des Körpers:** rätselhafte/abstrakte Schrift erst in „Übertragung" auf das Medium Körper lesbar, d. h. wenn es „erfahren" wird → Körper als Medium der Erkenntnis

Poetologische Lesart

- **Exekutionsapparat als „Schreibmaschine"**: Schreiben als **schmerzhafter Prozess**
- Widerspiegelung der bei Kafka immer wieder aufscheinenden Sehnsucht nach **Verschmelzung mit der Schrift** → die damit oft verbundene Sinnerfahrung in diesem Text aber nicht vorhanden

Auf einen Blick

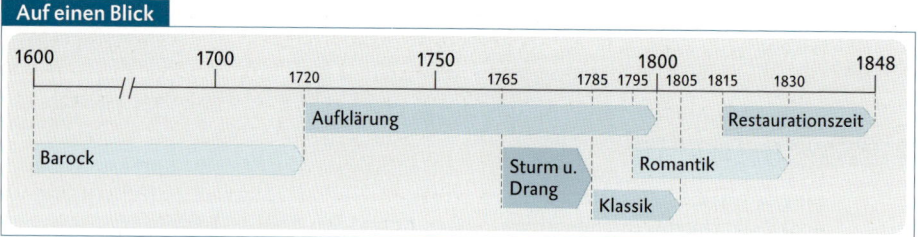

Barock (ca. 1600–1720)

- **Hintergründe:** Entwicklung der modernen Wissenschaften; Aufblühen des Humanismus; Absolutismus mit extremen sozialen Spannungen; große Religiosität und Religionskonflikte; **Dreißigjähriger Krieg** mit verheerenden Auswirkungen
- **Vanitas** (lat. leerer Schein, Nichtigkeit, Eitelkeit) als Zentralmotiv → **Memento mori** (lat. Gedenke des Todes): Abkehr von der Welt / Konzentration auf das Jenseits oder **Carpe diem** (lat. Genieße den Tag): Genuss des flüchtigen Moments → Streben nach Ordnung in Form und Inhalt
- starkes Formbewusstsein, **Dominanz geregelter Formen** (z. B. **Sonett** mit Alexandriner, um antithetisches Denken auszudrücken); **Regelpoetik:** poetisches Schreiben ausgehend von Regeln
- Lyrik als dominierende Gattung, aber auch Drama (Tragödien mit mythologischen Stoffen) und Epik (v. a. Schäfer- und Schelmenroman)
- vorherrschende Themen: **Krieg, Tod, Vergänglichkeit**, Religion und Scheinwelt

Aufklärung (ca. 1720–1800)

- **Hintergründe:** (aufgeklärter) Absolutismus; Säkularisierung und Deismus (rationaler Zugang zu Gott); Aufstieg des Bürgertums
- Orientierung an der menschlichen **Vernunft** → distanziertes Verhältnis zu Emotionen → **Empfindsamkeit** mit Aufwertung des Gefühls **als Gegenbewegung**
- **autonomes Individuum** mit Menschenrechten im Zentrum → **Toleranz** als zentraler Wert
- Themen: Ständekritik, Toleranz, Bildung, **Humanität, Erkenntnisfähigkeit** des Menschen
- Stilideal der Klarheit und Verständlichkeit
- **lehrhafte Kurzformen** der fiktionalen Literatur: Fabel, Parabel, Lehrgedicht, Epigramm, Ode und Fortsetzungsroman → Literatur soll nützlich sein

Sturm und Drang (ca. 1765–1785)

- **Hintergründe:** große soziale Ungerechtigkeit; absolutistische Machtpolitik und Fürstenwillkür → Aufbegehren der jungen Generation
- **starker Subjektivismus** mit Mensch als erlebendem und empfindendem Subjekt im Mittelpunkt → **Gefühlskult und Aufbruchsstimmung**
- Aufwertung der Emotionalität als **Gegenbewegung zum Rationalismus der Aufklärung**
- jugendliche **Protestbewegung**, die Fürstenwillkür, soziale Ungleichheit, materielle Not und rigide Moralvorstellungen anprangert
- Autonomie des Künstlers und seines Kunstwerkes → **Geniekult, Schöpfergedanke**
- Abkehr von Regelpoetiken → **Leidenschaftlichkeit der Sprache:** Ausrufe, Hyperbeln, Metaphern, Kraftausdrücke und Neologismen

- Themen: **Herz**, Natur, Freundschaft, **Liebe, Freiheit**, politischer Widerstand, Gerechtigkeit
- **Erlebnislyrik:** Wiedergabe der unmittelbaren Empfindungen des lyrischen Ich in freien Rhythmen, reimlosen Versen und hohem Pathos, aber auch in Einfachheit des Volkslieds
- freiere Formen (z. B. offenes Drama), Briefroman zur Ausgestaltung individuellen Erlebens

Klassik (ca. 1786–1805)

- **Hintergründe:** Französische Revolution mit Terrorherrschaft; „Musenhof" unter Herzogin Anna Amalia in **Weimar** (Zusammenarbeit von **Goethe und Schiller**)
- **Leitgedanken: Harmonie**, Ausgleich der Gegensätze, **Würde, Humanität**, Toleranz, Selbstbestimmung, Beherrschung und Mäßigung (*Edle Einfalt, stille Größe*)
- **Ideal des Guten, Wahren und Schönen** → Forderung nach ethischer Vervollkommnung durch Orientierung an der Antike → **Erziehung des Menschen** als Aufgabe der Kunst
- überzeitliches **Humanitätsideal** → historische Umstände, Alltagssprache oder politisches Ideal spielen keine Rolle → Vorwurf an Klassik, bestehende Verhältnisse zu stützen
- Themen: Humanität, Freiheitsidee, Harmonie von Pflicht und Neigung
- Ideal der **Formstrenge:** harmonische Verbindung von Inhalt, Sprache und Aufbau
- Lyrik: klassische Formen (z. B. Elegien und Epigramme), Drama: metrisch gebundene Sprache, hoher Stil, geschlossene Form, historische/antike Stoffe, Epik: Bildungsroman

Romantik (ca. 1795–1830)

- **Hintergründe:** Französische Revolution mit Terrorherrschaft; zunehmendes Nationalbewusstsein durch Kriege gegen Napoleon
- Idee der Abhängigkeit des Menschen von einem Absoluten oder Unendlichen → Wiederannäherung an religiöse Denkformen → Poesie als Medium des Absoluten (**Universalpoesie**, in der alle Gattungen und Künste vereint sind) → Streben nach **Gesamtkunstwerk**
- Blick nach innen → „**Blaue Blume**" als Symbol für metaphysische **Sehnsucht nach dem Fernen und Unerreichbaren** sowie den eigentlichen Seinszusammenhängen
- Themen und Motive: Natur als Bereich des Unendlichen, **Sehnsucht, Traum, Wahnsinn**, Entgrenzung, Einsamkeit, Vergänglichkeit, Reisen, Wandern, Nacht, Fantastisches
- Idealisierung des Mittelalters und aufkommendes Nationalbewusstsein → Interesse an Volksdichtung, z. B. **Volkslied, Märchen** → leichte Verständlichkeit, Wohlklang, „musikalische" Sprache
- Anschreiben gegen Philistertum und Bürgerlichkeit
- „**romantische Ironie**": Aufzeigen der Unerreichbarkeit des Absoluten durch Texte, die sich selbst und ihre Entstehungsbedingungen reflektieren oder kommentieren
- Roman als universale Form, in der Lyrik enthalten ist (kaum Dramen)

Restaurationszeit (ca. 1815–1848)

- Hintergründe: Wiener Kongress 1815 und Restaurationspolitik; **Märzrevolution** 1848 – zunehmende Einschränkung der Freiheit, Zensur → verschiedene Strömungen: **Biedermeier** (Resignation, Rückzug ins Private), **Vormärz** und **Junges Deutschland** (politisches Aufbegehren)
- rationale Haltung und Orientierung an Fakten → Abkehr von der Romantik
- Themen des Biedermeier: **Familie, Ordnung, Beschaulichkeit**, Idylle → **heile poetische Welt**
- Themen des Vormärz, des Jungen Deutschlands: **soziale und politische Missstände** → **Kampf gegen soziales Elend und Unterdrückung** als Aufgabe der Literatur
- Veröffentlichungen in Zeitungen und Zeitschriften → vorwiegend kleinere literarische Formen

Auf einen Blick

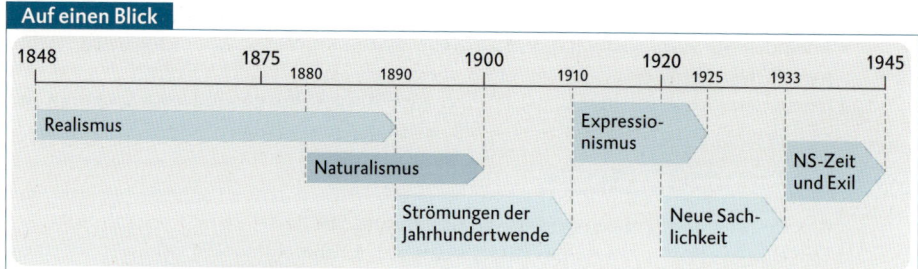

Realismus (ca. 1848–1890)

- Hintergründe: Scheitern der Revolution von 1848; Gründung des Deutschen Kaiserreichs 1871 → preußischer Militarismus; Bürgertum als führende Schicht; Verschärfung der Sozialen Frage durch Industrialisierung; Verstädterung → **Orientierungslosigkeit** durch Verlust von Normen
- **„objektive" Darstellung** der unmittelbaren Lebenswelt, aber **Ausklammerung des Hässlichen/Niederen** sowie der Sozialen Frage → **Poetisierung** der Wirklichkeit
- Bürgertum als tragende Schicht → Darstellung **bürgerlichen Milieus und Ideale**, aber auch **historische Stoffe** mit überzeitlichem Geltungsanspruch → Streben nach Nationalliteratur
- Themen: Liebe, Vergänglichkeit, Heimat, Naturerleben
- Entstehung eines Literaturmarktes → Verbreiterung der Leserschaft → **Unterhaltungsliteratur**
- Roman und Novelle als zentrale Gattungen; in der Lyrik v. a. Balladen
- Stil: gewählte, **neutrale Sprache**; **Humor und Ironie**

Naturalismus (ca. 1880–1900)

- Hintergründe: **Milieutheorie = Mensch als Produkt der ihn umgebenden Verhältnisse:** Vererbung, Milieu, historische Umstände; **Industrialisierung und Proletarisierung** → Verschärfung der Sozialen Frage, Anwachsen der Großstädte zu Metropolen
- **radikalisierter, konsequenter Realismus** mit Wegfall der verklärenden Poetisierung → Blick auf **hässliche Wirklichkeit sozialen Elends** und Kritik an sozialen Verhältnissen
- „Kunst = Natur – X" (A. Holz): **möglichst Entsprechung von Kunst und Natur,** Faktor X (Autor und seine Subjektivität) soll möglichst klein sein
- Themen: **Armenmilieus, Familienprobleme** unterer Schichten, **Doppelmoral, Großstadt,** dunkle und hässliche Seiten des Lebens, Kriminalität, Geisteskrankheit, Alkoholismus
- **sozialkritisches Drama** als bedeutendste Gattung
- präzises Beobachten, **Sekundenstil** (Erzählzeit = erzählter Zeit), natürliche Sprache (z. B. Dialekt)

Strömungen der Jahrhundertwende (ca. 1890–1910)

- Hintergründe: Infragestellen der Selbstbestimmtheit des Menschen durch die **Psychoanalyse**; starrer Wilhelminismus → Entstehung eines grundlegenden **Krisenbewusstseins** → Strömungen des **Impressionismus und Symbolismus** als Weg nach innen mit quasireligiöser Aufladung
- Idee einer reinen, sich selbst genügenden Kunst („l'art pour l'art") als **Gegenströmung zum Naturalismus** → **keine politische Funktion der Kunst**, sondern Flucht in eine Gegenwelt
- Träger: großbürgerliche Bohème, die sich in Kaffeehäusern selbst feiert
- **Impressionismus:** Wiedergabe eines subjektiven Sinneseindrucks mit höchster Intensität

- **Symbolismus:** Absolutheitsanspruch der Kunst, gegen Abbildungsfunktion der Kunst gerichtet
- Themen: **Abgrenzung zum naturalistischen Erfassen** der Realität, Besinnung auf das „Ich", Individualität, Subjektivität, Sprache, Kultur, Vergänglichkeit
- kürzere, zum Teil auch experimentelle Formen; **symbolische Verdichtung, Verfeinerung der Sprache,** Auflösung traditioneller Formen, **Bewusstseinsstrom,** innerer Monolog, erlebte Rede

Expressionismus (ca. 1910–1925)

- Hintergründe: **Verstädterung** und Anonymisierung, technischer Fortschritt, erstarrte wilhelminische Gesellschaft → verschärftes Krisenbewusstsein, **Sinnkrise,** Erster Weltkrieg
- Pathos des Aufbruchs und unbedingter Wille zum **Ausdruck des Erlebens**
- Bedrohung des Subjekts durch **Ich-Zerfall** → Darstellung des Körpers in Verfallszuständen
- pathetische **Beschwörung eines neuen Menschen,** der Liebe und Verbrüderung lebt („**O-Mensch!**"-Expressionismus)
- **Großstadt** (v. a. Berlin) als Ort der Reizüberflutung, Orientierungslosigkeit und Anonymität
- Erfahrung der Verhältnisse des Kaiserreichs als verkrustet → **Kriegsbegeisterung** bei einigen Autoren – nach Kriegserfahrung häufig **Pazifismus** und Verarbeitung der Erlebnisse
- Themen: Lebens- und Vitalkult, **Krieg** und Pazifismus, **Weltende und Apokalypse,** Krise des Ich, Tabus (Ästhetik des Hässlichen: Geisteskrankheit, Prostitution, Verbrechen), **Großstadt**
- **Lyrik** als präsenteste Gattung → **Reihungsstil,** elliptische Konstruktionen, Neologismen, Farbmetaphorik, Auflösung syntaktischer Regeln, Verdinglichung
- Dramatik: **Stationendrama** (lose Szenenfolge), **Wandlungsdrama** (Wandlung eines Einzelnen)

Neue Sachlichkeit (ca. 1920–1933)

- Hintergründe: von vielen abgelehnte Weimarer Republik; wirtschaftliche Schwierigkeiten aufgrund von Reparationslasten; „Goldene Zwanziger" mit kultureller Vielfalt
- dezidierte **Abkehr vom Expressionismus** und Hinwendung zur **Lebensrealität** mit ihren sozialen und wirtschaftlichen Verhältnissen und zum **sachlich-nüchternen Schreiben**
- Bewusstsein von Desillusionierung und Übergang in eine neue Zeit (Schwellenzeit-Gefühl)
- Themen: Großstadt, Verarbeitung des Kriegs, **Probleme der „kleinen Leute",** Alltagsleben
- **Gesellschafts- und Zeitromane,** Dokumentartheater und **Episches Theater**
- Mischung von **journalistischen, dokumentarischen und literarischen Anteilen** → kühldistanzierte, **einfache, verständliche Sprache**

NS-Zeit und Exil (1933–1945)

- Hintergründe: **nationalsozialistische Herrschaft** mit totalitärer Durchdringung des gesamten Lebens → „**Gleichschaltung**" der Kunst und Literatur durch Bücherverbrennung, Verfolgung und Zensur; **Zweiter Weltkrieg,** Erfahrung des Exils → Freitod zahlreicher Autoren
- **NS-Literatur:** regimekonform; **Gestaltung ideologischer Motive** wie Rasse, Führertum, Deutschtum, Kampf, Gewalt, Blut-und-Boden-Ideologie → stereotype Metaphern
- **innere Emigration: getarntes Schreiben** als geistige Opposition gegen Ungeist des NS-Regimes → gehobene, oft verschlüsselte Sprache; Schreiben in europäisch-humanistischer Tradition
- **Exilliteratur:** Humanität, Opposition zur NS-Ideologie, Zeigen des „anderen" Deutschlands
- Roman vorherrschende Gattung (Reflexion der eigenen Situation), Drama nur Nebenrolle (Ausnahme: Bertolt Brecht), Verarbeitung der emotionalen Situation in der Lyrik
- Abkehr vom Stil des Expressionismus → Bevorzugung traditioneller Formen

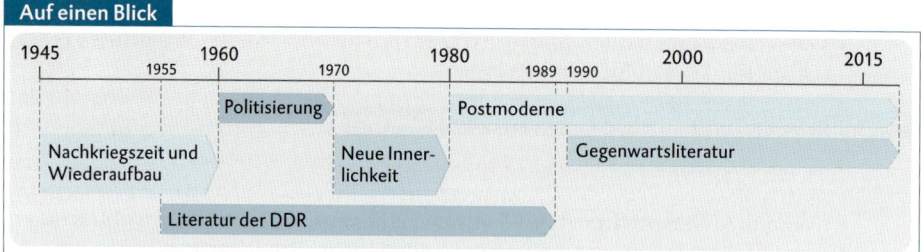

Literatur der Nachkriegszeit und des Wiederaufbaus (1945 – ca. 1960)

- Hintergründe: Ende des Zweiten Weltkriegs; **Welt in Trümmern**; „Stunde Null"; Aufteilung Deutschlands in vier Besatzungszonen; **Wiederaufbau**; Gründung der Bundesrepublik und der DDR; „Kalter Krieg"; Wirtschaftswunder; Scham, Schuld, Verdrängung angesichts der NS-Zeit
- „**Trümmerliteratur**": Betonung der Traumatisierung durch Krieg und Zerstörung
- „**Literatur des Kahlschlags**": Betonung des Neubeginns wegen Belastung der Sprache durch Missbrauch im NS-System → Frage, inwieweit Dichtung nach NS-Verbrechen noch möglich ist
- Themen: Schrecken des Kriegs, **Heimkehr**, Orientierungslosigkeit, Schuld, Scham, Klage und Anklage, Versuch der **Aufarbeitung der Vergangenheit**
- Aufkommen der **Kurzgeschichte**, zeitkritische Dramen, oft hermetische Lyrik mit schwer verständlichen Chiffren oder konkrete Poesie als sprachexperimentelle Lyrik
- Stilideal der **Nüchternheit**, Verzicht auf Pathos → **schmucklos-karge Sprache**, indirekte Ausdrucksformen (Parabeln, Chiffren, Gleichnisse)

Politisierung der Literatur (1960er-Jahre)

- Hintergründe: existenzielle Bedrohung durch „Kalten Krieg" → **Angst vor einem Atomkrieg**; Vietnamkrieg → Distanzierung von den USA; Große Koalition → Entstehung der **APO** → **68er-Bewegung** als Protestbewegung mit antiautoritären und pazifistischen Zielen
- Diskussionen über Verhältnis von Literatur und Politik → Gesellschafts- und Zeitkritik als Aufgabe der Literatur → **Politisierung der Literatur**
- Themen: **gesellschaftspolitische und soziale Probleme, Kritik an Verdrängung der NS-Vergangenheit**, Frage nach Rolle der Eltern im NS-Staat, deutsche Teilung
- politischer Zeitroman, **Dokumentartheater, politische Lyrik** und experimentelle Gedichte
- Forderung von Verständlichkeit und Abkehr von jeglichen Ideologien → teilweise Auflösung der Grenzen zwischen literarischen und nicht-literarischen Formen

Neue Innerlichkeit/Neue Subjektivität (1970er-Jahre)

- Hintergründe: Rückzug vom Politischen vs. Radikalisierung (**RAF**-Terror); Entstehung der **Frauenbewegung**; Entspannung im Ost-West-Konflikt (Ostpolitik Brandts, KSZE-Schlussakte)
- **Resignation und Identitätssuche** → Aufwertung des Individuums und seiner Subjektivität → **Neue Subjektivität/Neue Innerlichkeit**: Gestaltung subjektiver Wirklichkeit und Verarbeitung innerer Erfahrung → Tendenz zu **autobiografischer Bekenntnisliteratur**
- gesellschaftskritische **feministische Literatur** mit Infragestellung traditioneller Rollenbilder
- Themen: **Selbstfindung, Selbsterfahrung und Innenschau**, Alltag und Beziehungen, Erleben des Einzelnen im Spannungsfeld zur Gesellschaft, Gewaltstrukturen im Geschlechterverhältnis

- Lyrik und Epik als bevorzugte Gattungen zur Darstellung von Innerlichkeit
- Streben nach **Authentizität:** Tendenz zu sprachlicher Kunstlosigkeit und Umgangssprache, zugleich emotionale und subjektive Sprache

Postmoderne (Strömung der 1980er-Jahre bis heute)

- Hintergründe: **Ökologie** als neues Thema in der Politik; allmähliche Liberalisierung des Ostblocks durch Gorbatschow; atomare, ökologische, soziale Katastrophen → neues **Krisenbewusstsein**
- zunehmende **Vielgestaltigkeit der Literatur** und Fortwirken der Tendenzen der 1970er-Jahre
- Nebeneinander verschiedener „Literaturen": Jugendliteratur, Trivialliteratur, experimentelle Literatur, gesellschaftskritische Literatur
- Annahme der Beliebigkeit von Wirklichkeit → **Infragestellen von Ideologien und Werten**
- **Konstruktivismus:** Wahrheit als gesellschaftliches Konstrukt → Pluralität von Sinnentwürfen
- Aufwertung der **Unterhaltsamkeit von Literatur** → Öffnung hin zu „Trivialgattungen" wie Schauerroman oder Kriminalroman
- Roman als bevorzugte Gattung → zahlreiche **intertextuelle Bezüge**
- Nebeneinander und **Montage verschiedener Stile und Formen**, Vorliebe für **Ironie**

Literatur der DDR (1950–1989)

- Hintergründe: Gründung der **DDR** als Teil des totalitär regierten, sozialistischen Machtblocks unter der Herrschaft der Sowjetunion; Abschottung gegenüber dem Westen; **Stasi** → Kontrolle und **Zensur**; ab 1985 Stärkung der Bürgerrechtsbewegung; 1989 friedliche Revolution/Mauerfall
- staatlich verordnete Strömung des **Sozialistischen Realismus:** antifaschistisch, antikapitalistisch, arbeiternah → Ideal des selbstlosen und leistungsbereiten Arbeiters für das Gemeinwohl
- staatlich verordnete **Aufbauliteratur** der 1950er-Jahre: Überlegenheit des Sozialismus gegenüber Faschismus/Imperialismus
- „**Bitterfelder Weg":** Arbeiter als Schriftsteller und Schriftsteller als Arbeiter → **Idealisierung des Arbeiters** in der Literatur
- staatlich kontrollierte **Ankunftsliteratur** der 1960er-Jahre: Einrichten im Sozialismus
- **nicht systemkonforme Literatur:** subversive Aussagen, die durch Anspielungen, Verschlüsselungen und Verlegungen des Stoffs in den Mythos an Zensur vorbeikommen
- Epik und Lyrik als zentrale Gattungen; Liedtexte als kritische Ausdrucksform

Tendenzen der Gegenwartsliteratur (1990 – heute)

- Hintergründe: Wiedervereinigung 1990; Vormarsch **digitaler Massenmedien** (Internet, Smartphones, E-Books, soziale Netzwerke); islamistische Terroranschläge und Kampf gegen den Terror; **Globalisierung**; Flüchtlingsproblematik; Umgang mit Daten
- **Pluralismus:** gleichberechtigtes Nebeneinander verschiedener Menschenbilder und Kulturen → Herausforderung für Literatur, komplexer werdende Welt zu verarbeiten
- **Vermarktbarkeit** als zentrales Kriterium für Literatur → zunehmende Produktion von **Unterhaltungsliteratur** bzw. von Übersetzungen aus dem Ausland
- Themen: **Identität des Einzelnen** in globalisierter Welt, Auseinandersetzung mit DDR (**Wendeliteratur**), provokante Selbstinszenierung junger Schriftsteller und Aufgreifen von Alltagsthemen (**Popliteratur**), Fremdheitserfahrung (**interkulturelle Literatur**), biografisches Schreiben
- Roman als vorherrschende Textform
- facettenreiche Sprache, die z. T. an Ausdruckskraft verliert (→ Ausrichtung auf breites Publikum)

Sachtexte

Essay

- geistreiche und sprachlich anspruchsvolle Abhandlung zu einem Thema aus z. B. Wissenschaft, Politik, Gesellschaft, Literatur, Religion (auch: Gedankenspaziergang vor den Augen des Lesers)
- ausgehend von konkreter Fragestellung werden in freier, oft unsystematischer Form Pro- und Kontrapositionen rhetorisch geschickt dargestellt, wobei persönliche Ansichten und Erlebnisse im Vordergrund stehen können
- gekennzeichnet durch Leichtigkeit, Unbefangenheit und stilistische Virtuosität, oft Verzicht auf objektive Nachweise und definitive Antworten

Glosse

- zugespitzte, wertende Anmerkung zu tagesaktuellem Thema mit abschließender Pointe
- satirische Form des Kommentars, oft zahlreiche rhetorische Mittel (z. B. Hyperbel, Ironie)

Interview

- Wiedergabe eines Frage-Antwort-Gesprächs zwischen Journalist und einer oder mehreren Personen (meist des öffentlichen Lebens, d. h. aus Film/Fernsehen, Politik, Sport usw.)
- Ziel ist z. B. Klärung eines strittigen Sachverhalts, Vorstellung einer Person, Meinungsäußerung

Kommentar

- subjektiv wertender Meinungsbeitrag zu aktuellem bzw. allgemein bekanntem Thema
- Autor (immer namentlich genannt) legt persönlichen Standpunkt sprachlich geschickt dar, versucht Leser argumentativ zu überzeugen, teils ironisch-spöttischer Stil
- beginnt meist mit Hintergrunderläuterungen zum Thema und endet mit Fazit bzw. Appell

Rede

- öffentlicher Vortrag (basierend auf schriftlichem Konzept) zu einem gesellschaftlichen, privaten oder geschäftlichen Thema, oft mit dem Ziel, Zuhörer von den eigenen Ansichten zu überzeugen
- geschickter Einsatz rhetorischer Mittel und Adressatenbezug durch direkte Ansprache

Rezension

- anschaulich und präzise formulierte Zusammenfassung und persönliche Bewertung eines Buchs, einer Theaterinszenierung oder eines Films
- Ziel: Leser informieren und ggf. Empfehlung abgeben

Epik

Fabel

- unterhaltsame Erzählung von geringem Umfang mit lehrhafter Schlusspointe
- die Handelnden sind Tiere, die für menschliche Eigenschaften stehen (z. B. Biber → Fleiß)
- endet in der Regel mit „Moral" = Lehre für den Menschen

Kurzgeschichte

- Geschichte, die in einem Zug zu lesen ist (< 20 Seiten)
- handelt meist von alltäglichen Begebenheiten, die eine überraschende Wendung nehmen
- wenige Figuren, oftmals „Typen" (keine Namen, übertragbar)
- in der Regel nur ein Handlungsstrang, umfasst relativ kurze Zeitspanne, kein Ortswechsel
- beginnt mit unmittelbarem Einstieg, keine Vorstellung der Figuren, rascher Handlungsverlauf (→ Höhepunkt), endet offen (d. h. mehrere Ausgänge der Handlung denkbar)

Märchen

- Ort und Zeit unbestimmt, formelhafte Sprache (*Es war einmal …*)
- Figuren/Verhalten in „gut" und „böse" einteilbar, das Gute gewinnt → belehrender Charakter
- Gegenstände und Figuren aus mittelalterlicher Gesellschaft (*Königssohn*) oder magischer Welt (*Zauberspiegel*), übernatürliches Geschehen (*Hexerei*), oft magische Zahlen (3, 7, 12)

Novelle

- Erzählung mittlerer Länge, in deren Mittelpunkt ein außergewöhnliches Ereignis steht
- Handlung in der Regel einsträngig mit Höhe-/Wendepunkt und geschlossenem Ende
- oft Leitmotive oder wiederkehrende Dingsymbole, Einfluss des Zufalls auf Schicksal der Figuren

Roman

- Erzählung von großem Umfang mit zahlreichen komplexen Figuren und Handlungsverläufen
- oft psychologisch ausgestaltete Hauptfigur
- zahlreiche Genres: Kriminalroman, Liebesroman, Abenteuerroman, Fantasyroman usw.

Dramatik

Komödie

- unterhaltsames, humorvolles Theaterstück, oftmals mit klassischem Aufbau (fünf Akte)
- Protagonisten geraten aufgrund ihrer Schwächen in Konflikt, der sich immer weiter verschärft
- endet mit glücklicher Auflösung des Konflikts, in der Regel gewinnen die „Guten"

Tragödie

- tragisches, emotional bewegendes Theaterstück, oft mit klassischem Aufbau (fünf Akte)
- Protagonisten geraten durch schicksalhafte Fügungen (z. B. Verlieben in die „falsche Person") oder menschliche Fehltritte in schwerwiegenden Konflikt
- endet meist mit dem dramatischen Tod des Helden/der Heldin und weiterer Figuren

Lyrik

Ballade

- Gedicht, in dem auf anschauliche, lebendige Weise eine Geschichte erzählt wird (Erzählgedicht)
- formal: Strophen, Verse, Reime, Metrum; sprachlich: oft wörtliche Rede; inhaltlich: spannender Handlungsverlauf (Themen: z. B. Liebe, Heldentaten) → vereint Lyrik, Epik und Dramatik

Lied

- sangbares Gedicht mit durchgängig der gleichen Strophenform (meist Übereinstimmung der Strophe mit einem Satz)
- alternierende Verse mit Kreuz- oder Paarreim und schlichte, gut verständliche Sprache
- oft unmittelbarer Ausdruck lyrischer Empfindungen bzw. individuellen Erlebens → besondere Beliebtheit in der Romantik

Sonett

- sprachlich und formal kunstvoll gestaltetes Gedicht
- in der Regel strenger Aufbau: zwei Quartette (Strophen aus vier Versen) gefolgt von zwei Terzetten (Strophen aus drei Versen)
- häufig inhaltlicher Gegensatz zwischen Quartetten und Terzetten, letzte Verse oft wie Pointe

Stilmittel	Beispiel
Akkumulation: Anhäufung von Wörtern ohne Nennung eines Oberbegriffs	*Sonne, Mond und Sterne*
Allegorie: systematisierte Metapher, die durch Reflexion erschließbar ist	*Justitia (Gerechtigkeit)*
Alliteration: aufeinanderfolgende Wörter mit gleichem Anlaut	*wunderbare Welt, Kind und Kegel, zehn zahme Ziegen*
Allusion: Anspielung	*Du weißt, was ich meine.*
Anapher: gleicher Anfang aufeinanderfolgender Sätze / Verse	*Gehe nach Hause. Gehe dorthin, so schnell du kannst.*
Anrede: Hinwendung an den Adressaten	*Meine Damen und Herren, …*
Antithese: einander entgegengestellte Begriffe, Bedeutungen oder Gedanken	*Ruhe auf dem Land, Lärm in der Stadt, Himmel und Hölle*
Aphorismus: knapp formulierter Sinnspruch	*Die Zeit heilt alle Wunden.*
Archaismus: veralteter sprachlicher Ausdruck	*Seid gegrüßt, holde Maid!*
Assonanz: vokalischer Gleichklang	*sobald, Obacht, Wohlklang*
Asyndeton: Reihung ohne Konjunktionen	*Er kam, sah, siegte.*
Chiasmus: Überkreuzstellung	*Der Einsatz war groß, klein war der Gewinn.*
Chiffre: Zeichen, dessen Inhalt rätselhaft und letztlich nicht zu erfassen ist	*Purpurne Seuche, Hunger, der grüne Augen zerbricht.*
Diminutiv: Verkleinerungsform	*Blümlein, Mäuschen*
Ellipse: unvollständiger Satz, fehlende Satzteile	*Je früher, desto besser.*
Enjambement: Satz greift auf nächsten Vers über	*Die Wolken fliegen / über das weite Land.*
Epipher: gleiches Ende aufeinanderfolgender Sätze / Verse	*Alle lieben den Hund. Die Nachbarn reden nur noch über diesen struppigen Hund.*
Euphemismus: beschönigende Umschreibung, Untertreibung	*Wir müssen Personal abbauen. (anstatt: Wir müssen unseren Mitarbeitern kündigen.)*
Exclamatio: Ausruf	*Hoch soll er leben!*
Geminatio: unmittelbare Wiederholung eines Wortes oder Satzteils	*Geh, geh!*
Hyperbel: sehr starke Übertreibung	*Ich warte hier schon drei Millionen Jahre auf dich.*
Inversion: Abweichung von normaler Satzstellung	*Am Straßenrand eine seltene Pflanze ich sah.*
Ironie: versteckter Spott, gemeint ist das Gegenteil von dem, was geschrieben bzw. gesagt wird	*Du bist mir ja ein Superhirn! (anstatt: Das war dämlich von dir.)*

Stilmittel	Beispiel
Klimax: (meist dreischrittige) Steigerung	*Sie kicherten, lachten, grölten.*
Lautmalerei: Nachahmung eines (Natur-)Lautes	*Klingeling, Kikeriki, Ticktack*
Litotes: Bejahung durch doppelte Verneinung	*Die Schüler sind nicht unwillig.*
Metapher: bildhafter Ausdruck mit übertragener Bedeutung, Vergleich ohne Vergleichspartikel	*Du bist die Sonne meines Lebens. Dein Haar ist flüssiges Gold. Wir stehen am Fuß des Berges.*
Metonymie: Verwendung eines Ausdrucks in übertragener Bedeutung (Gesagtes und Gemeintes stammen aus demselben Wirklichkeitsbereich)	*Deutschland jubelt, Kafka lesen, eine Tasse trinken*
Neologismus: Wortneuschöpfung	*Himmelsengelsstimme*
Oxymoron: Kombination aus Wörtern, die sich widersprechen	*bittersüß, alter Knabe, Hallenfreibad, Eile mit Weile*
Paradoxon: inhaltlich unlogische und widersinnige Aussage, meist in Form eines ganzen Satzes	*Der Schmerz des Verlusts erfüllte sein Herz mit Freude.*
Parallelismus: aufeinanderfolgende Sätze oder Satzteile mit gleichem Satzbau	*Nina traf Nils im Park. Max besuchte Tatjana im Café.*
Parenthese: Einschub	*Dieses Buch – ich möchte ehrlich sein – hat mir nicht gefallen.*
Periphrase: Umschreibung eines Begriffs	*„der Gefallene" für „Sünder"*
Personifikation: Gegenständen oder abstrakten Begriffen werden menschliche Fähigkeiten / Eigenschaften zugeschrieben	*Der Wind spielte mit ihrem Haar und streichelte ihre Wange.*
Pleonasmus: Häufung sinngleicher Wörter	*Sie ist brav, nett, lieb.*
Polysyndeton: Verbindung zwischen Wörtern und Satzteilen durch mehrmalige Wiederholung derselben Konjunktion	*Und es wallet und siedet und brauset und zischt.*
Rhetorische Frage: Scheinfrage, erwartet keine Antwort	*Wer hat noch nie einen Fehler gemacht? Hast du vollkommen den Verstand verloren?*
Symbol: Sinnbild, das für Abstraktes steht	*rote Rose (für Liebe), weiße Taube (für Frieden)*
Synästhesie: Vermischung von Sinnesgebieten	*goldene Töne*
Synekdoche: Ein Teil steht für das Ganze (auch Pars pro toto) oder das Ganze steht für einen Teil (auch Totum pro parte).	*ein Dach über dem Kopf haben, eine Bibliothek lesen*
Vergleich: bildhafter Ausdruck, durch Vergleichswort (*wie, als*) mit Gemeintem verknüpft	*Sie ist leicht wie eine Feder, er ist schwer wie ein Elefant.*

Abi geschafft – **und jetzt**

Ausbildung machen zum*zur Tierfuttertester*in?

Duales Studium im Bereich Holztechnik?

Oder Studium der Provinzialrömischen Archäologie?

Erstmal in ein Klingonisch-Sprachcamp?

Bei der Orientierung im Ernst des Lebens helfen unsere Ratgeber zur Studien- und Berufswahl

Hä?

[hɛ(ː)]

Ausdruck des Unwissens oder Nichtverstehens

Wie bitte? Das hab ich jetzt aber wirklich nicht verstanden – in aller Kürze bringen die beiden Buchstaben „Hä" auf den Punkt, wenn eine Information bei ihrem Empfänger nicht richtig angekommen ist. Ein „Hä" macht das Problem „Info nicht angekommen" offensichtlich und fordert zugleich den Sender zur Konkretisierung oder Vereinfachung derselben auf.

Es verweist aber auch auf den uns allen bekannten Gedanken:

„Ich weiß nicht, wie es weitergeht."

Was soll ich nach meinem Abi machen? Wie kann ich mich auf mein Wunsch-Studium vorbereiten?

Das sind nur zwei Fragen, die viele Abiturient*innen beschäftigen.

Ah!

[ʔaː]

Ausdruck des (plötzlichen) Verstehens

Es hat Klick gemacht: Die gesendete Information ist beim Empfänger angekommen und verstanden worden. Vielleicht hat sie ein paar mehr oder weniger überraschende Erkenntnisse hervorgerufen oder eine weiterführende Diskussion angeregt, die die Idee weiterentwickelt und das Wissen wachsen lässt. Solche **Hä?-Ah!-Situationen** zeigen, dass der Austausch und das Teilen von Informationen entscheidend sind für ein gemeinsames Vorankommen. Wir helfen dir dabei, deinen Weg zu finden und begleiten dich auch während des Studiums. Denn tagtäglich beschäftigen wir uns mit dem **Hä?-Ah!-Phänomen** und haben verstanden, was das Wichtigste an unseren Büchern und digitalen Lernangeboten ist: ihre Fähigkeit, aus einem „Hä" ein „Ah" zu machen und dich damit voranzubringen.

Ah! Hier kannst du dir einen Einblick in unsere digitalen Angebote verschaffen – beispielhaft im Bereich Marketing. Aber natürlich decken wir auch (fast) alle anderen Studienbereiche ab.

Pearson

Also schau vorbei unter:
www.pearson.de/studium